100個
與壓力和平共處
的自救提案

自我照顧百寶箱

[著]
伊藤繪美

[繪]
細川貂貂

[譯]
洪于琇

各界推薦

（依姓名筆劃排列）

王雅涵——諮商心理師

王意中——王意中心理治療所 所長／臨床心理師

李家雯（海蒂）——諮商心理師

姚以婷——亞和心理諮商與訓練中心院長

洪仲清——臨床心理師

洪培芸——臨床心理師、作家

張宇傑——諮商心理師

莊博安——微光心理諮商所 所長

許皓宜——諮商心理師

各界推薦

許嬰寧——諮商心理師

陳志恆——諮商心理師、暢銷作家

曾心怡——伴旅心理治療所 所長

黃之盈——諮商心理師 作家

黃柏嘉——諮商心理師

瑪那熊——諮商心理師

蔡佳璇——哇賽心理學執行編輯、臨床心理師

鋅鋰師拔麻

盧美妏——人生設計心理諮商所 共同創辦人/諮商心理師

駱郁芬——米露谷心理治療所 所長/臨床心理師

蘇予昕——蘇予昕心理諮商所 所長、暢銷作家

蘇益賢——臨床心理師

張宇傑——諮商心理師

與壓力握手言和，不再讓它扯你後腿，讓壓力成為你的助力，踏上美好的舒適人生。

駱郁芬——臨床心理師、米露谷心理治療所所長

跟家長工作時，我們常常說「要優先照顧自己喔！」、「要好好照顧自己呀！」但出現在眼前的，仍總是累壞的爸媽。其實大人也不是不想照顧自己，但生活這麼匆忙，哪有辦法放鬆下來照顧自己呢？這本書簡直就是為了這樣的目的而生，透過那些小小的、很容易做到的事情，讓我們能夠在一點點的生活夾縫中照顧到自己。啊，被照顧的感覺，真好。

曾心怡——伴旅心理治療所所長

你今天照顧自己了嗎？如果還沒，請快翻開這本書！也別忘謝謝照顧自己的你喔！

推薦序

學習自我照顧，找回對世界的美好感受

（鐘穎／心理學作家、愛智者書窩版主）

你今天照顧自己了嗎？

自我照顧必須成為現代人的必修課。不為什麼，就因為學校什麼都教，卻沒有教我們如何照顧自己。關於自我照顧，多數人都有這樣的迷思：自我照顧等於放假休息，自我照顧會讓自己喪失生產力。

先談第一個迷思：自我照顧等於放假休息嗎？

不！放假休息不等於自我照顧，因為人的意識有個習慣，它總是朝向外界，總是「心隨物轉」，因此你知道嗎？如果沒有學習特定的技巧，哪怕是請假休息，我們的注意力也會一直附著在原先擔憂的事情上，逐層加深，從而讓自己陷入煩惱的漩渦。

如果你有過失眠的經驗就很清楚了，明明人已經躺在床上休息，大腦卻怎麼也停不下來，一個念頭接一個念頭，不停打斷你的睡意。這種對壓力源的持續反應可能源於我們的演化，不透過特定的學習其實很難加以阻斷。

換言之，自我照顧必須同時顧及身心，只有外表上看似無事可做，並不等於自我照顧的品質有所提升。

再談第二個：自我照顧會讓自己喪失生產力嗎？

不！其實懂得自我照顧的人反而有很好的生產力，原因有二：第一是由於自我照顧的技巧重視的不是時間長短，而是練習的頻率。當頻率越高，自我照顧將會變成一種健康的習慣，無所事事不等同自我照顧。第二，善於自我照顧的人生產力尤其高，因為他們更能專注在問題解決的狀態，也更注重長期效益，而非短期效益。

出於各種原因無法自我照顧的人特別可能出現被我們稱為「隧道視野」的現象，他們忙碌不堪、被俗事纏身，因此易於追求短期利益。研究發現，這一點跟智商或人格特質無關，純粹是壓力導致，因此我們一旦學會書裡教導的自我照顧技巧，反而更能為自己提出具有生產力的人生願景。

這兩種迷思或許就是學校教育乃至一般大眾不重視自我照顧的原因，而這本書，補足了這個缺口。

從心理諮商的角度來看，《自我照顧百寶箱》裡面所提供的一百個小技巧其實都頗具深意，背後的哲學也彼此連貫，涵蓋了行為療法的三波運動：也就是**行為**、**認知**、**與正念**。因此讀者不用擔心這是一本技術的大雜燴，恰好相反，這是作者刻意不談理論名詞，專注於將實用技巧分享給大眾的結果。

請立刻翻開這本書，立刻從中找出三到五個你最方便使用、最為喜愛的技巧，給自己兩個月的時間，重新找回對世界的美好感受吧！

前言

大家好，感謝各位拿起本書。我叫伊藤繪美，是一名心理師（擁有日本臨床心理師、公認心理師資格）。三十幾年來，我持續學習心理學，並為許多個案提供心理諮商服務。雖然我也提供家庭諮商的服務，但大部分的情況都是與案主一對一持續會面，協助他們從一些煩惱和痛苦中復原。透過心理諮商，陪伴案主逐漸康復，一起在恢復精神的路上同行是我最快樂的一件事。

那麼，案主的「康復」又是什麼意思呢？心理師是基於什麼標準可以說案主「康復了」呢？我想了想，所謂康復，就是案主學會了「自我照顧」。自我照顧的意思是「自己幫助自己」。所有透過心理諮商康復、恢復精神的案主，都會變得相當熟悉如何自我照顧。換言之，正是因為學會了自我照顧，個案才得以康復。自我照顧才是康復的「關鍵」（順帶一提，這裡說的自我照顧也包含了「找人商量」和「借助他人的力量」。自我照顧並非「孤伶伶地獨自幫助自己」。互相幫助的自我照顧是康復不可或缺的要素，這一點相當重要，請大家好好放在心上喔。）

另一方面，身為一名心理師，我覺察到一個重大問題，那就是憑我個人之力，能提供心理諮商的對象實在少之又少。

案主前來我所經營的諮商所，我仔細聆聽他們說話、進行諮商是一項亟需時間與精力的行為。沒有人是做過一次心理諮商就能康復的。案主得反覆持續前來，和我一起用恆心與耐力處理各式各樣的課題才得以康復，既花時間也花金錢。由於我經營的諮商所位於東京，住在首都圈以外的人便不太可能固定過來。此外，我的諮商所現在預約人數爆滿（雖然這是件令人感激的事），也有許多人想來卻無法來；因為經濟因素無法固定前來的人，應該也不在少數。

當然，這世上不是只有我一位心理師，我知道世界上有許多比我還高明的心理師。然而，他們的諮商狀況應該跟我一樣，與煩惱痛苦的人——意即有可能藉由諮商獲得幫助的人相比，心理師實在太少了。或者說，能夠接受諮商的人太少了。我認為，這是一個確實存在的問題。

因此，我決定動筆寫這本書。我全職從事心理諮商工作至今好歹已有三十年，我希望以自身累積的知識與經驗為基礎寫一本書，毫不藏私地向大家介紹自我照顧的具體思考方式與技巧。

以專業領域而言，我的目標在於推廣「壓力管理」、「認知行為治療」「正念」及「基模治療」，這些都是經過專家實證研究，並提出證據的理論或技巧。也就是說，我想介紹給各位的，不只是筆者個人在心理諮商經驗中「覺得有效」，而是經過研究後廣泛證實「有效」的方法。

當然，閱讀本書與「接受專業心理諮商」並不相同。可能有人會認為「就算看了這本書，也無法獲得和直接接受心理諮商相同的效果吧」。這種想法或許沒有錯，但請等一下。

其實，已有多項研究指出，在我所擅長的這種認知行為治療中，不管是和心理諮商師一起處理問題，還是透過工具書或網路處理問題，個案能獲得的效果幾乎別無二致。無論何者，只要確實面對和處理，都能獲得卓越的成效。根據這些研究，我們可以說「運用本書實作，可能與接受筆者的心理諮商擁有同等效果」。而使用本書處理問題所花費的金錢遠比接受諮商來得少，也能在自己的生活中配合個人的時間狀況進行。我們不妨心懷希望繼續看下去。

如同我先前所說，本書的基礎是壓力管理、認知行為治療、壓力因應策略、正念、基模治療等理論與技巧，每一項都是專業知識。不過，我在書寫時極力避免使用專有名詞（關於無論如何都避不開的專業用語，我會加上解說，盡可能地減少使用次數，還請大家見諒）。

此外，人在脆弱痛苦時會對閱讀感到非常吃力，尤其是很難吸收篇幅較長的文章。因此，我在書中也盡量使用平易近人的文字，讓文章變得簡單。

然而，這本書並沒有因此便偷工減料。在編排設計上，只要讀者能夠好好熟悉全書內容，即使書裡沒有專有名詞，也能全面學習到專業心理學以及心理諮商知識與技巧。

不過，唯一有件事想先在這裡向大家致歉。這本書裡頻繁使用了「外化」這個專有名詞。所謂「外化」，指的是將心理或生理的現象寫在紙上或是輸入到手機裡。簡單來說，就是將各位身心發生的「內在」現象，「表現」到紙張或手機等「外在」媒介上。這個行為在心理學中稱為「外化」。

「外化」在各種意義上都極為重要也非常有效，本書中會常常出現，唯有這個詞還請大家多多包涵，習慣它的存在。

話說回來，我剛才用了好幾次「實作」、「操作」這個說法。意思就是，本書不是「單純的讀物」，它的目的是讓大家實際操作書中介紹的各種方法。

我想，應該沒有人光看數學習題就能提升計算能力吧？想提升計算能力，必須實際寫習題，也就是實際操作對吧？只是閱讀食譜，廚藝絕不可能有所精進，必須實際跟著食譜做菜，即實際演練。

本書也跟數學習題和食譜一樣，請大家不要只是單純的閱讀，而是實際操作看看書中介紹的方法。當然，即使沒有全部照做也無妨。對脆弱痛苦的人而言，要將本書介紹的方法全都操作一遍是很困難的事。請大家閱讀下面提示的「本書的操作方法」，絕對不要勉強自己，從不超出個人能力範內、自己現在好像做得到的方法開始，花一點力氣實作看看即可。

我們的身心都非常誠實。實際操作後，你的身心應該會變得稍微輕鬆一些，有所好轉。本書介紹的方法都不會帶來巨大的成效，所得皆是微小的效果。然而就像「積沙成塔」這句美好的話所示，微小的成果累積下來後，最終將會連結到確實的康復。

「為累積過多壓力所苦的人」、「此刻感到身心相當脆弱的人」、「知道自己需要幫助，卻不知如何是好、走投無路的人」、「被生活逼得喘不過氣，沒有餘裕慢慢思考如何自我照顧的人」、「想接受付費心理諮商。但因為經濟或種種因素而無法的人」、「覺得自己活得很辛苦，希望能從那些痛苦中解脫的人」……但願，這本書能幫助所有面臨這些問題的人學會自我照顧。

本書的操作方法

本書總共由十章構成，每一章介紹十種方法。也就是說，會介紹「10×10＝100種方法」。

本書架構如下：

第1章　總而言之，先冷靜一下
第2章　與他人連結
第3章　覺察壓力源並寫下來
第4章　覺察壓力反應並寫下來
第5章　正念實踐（運用身體、行為、五感）
第6章　正念實踐（覺察念頭、意象、情緒後放下）
第7章　找出更多壓力因應小策略吧
第8章　看清痛苦的「源頭」和「真面目」
第9章　從「詛咒」到「祝福」
第10章　守護、療癒你的「內在小孩」

首先，想請大家先利用下頁的兩種「量表」檢測自己現在的身心狀態。

我現在感到多痛苦？

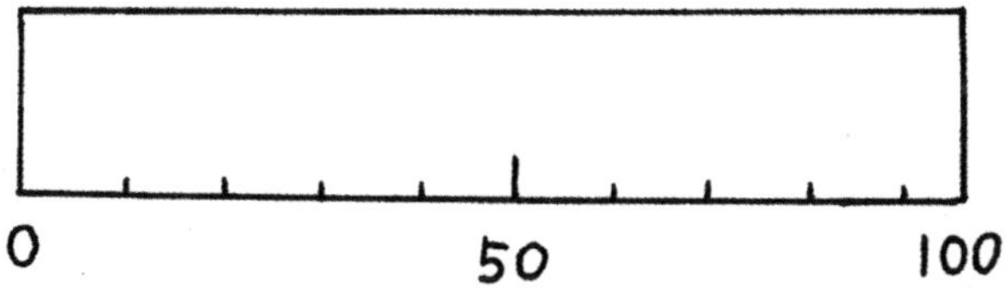

我現在感到多幸福？

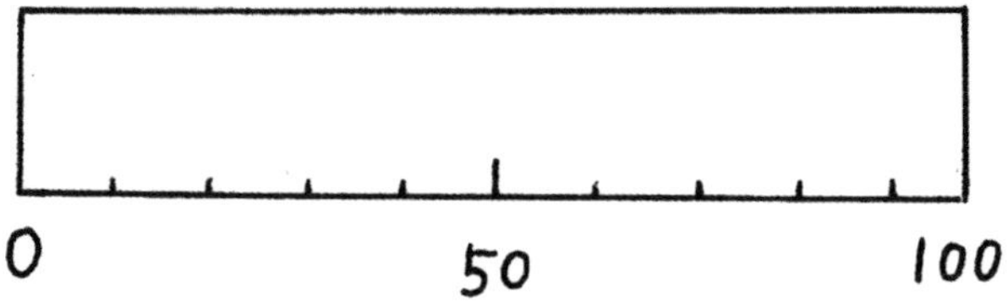

- 「我現在感到多痛苦？」
- 「我現在感到多幸福？」

第一個表是「痛苦指數量表」，第二個表是「幸福指數量表」，請分別為兩種量表標上數字，直覺的數字就可以了。這兩個數字即代表了你現在的身心狀態。大家在操作本書時請務必適度利用這兩種量表確認自己當時的狀態，然後記在書末的「量表紀錄」裡，或是記在手機或行事曆筆記本中（這就是「外化」）。本書的目的就是盡可能降低大家「痛苦指數量表」的數字，並提高「幸福指數量表」的數值。

如果你現在「痛苦指數量表」超過九十分的話，代表你現在處於相當痛苦難受的狀態。你或許會覺得實在太痛苦了，連活著都感到費力，也或許大腦一片混亂，甚至漸漸不明白自己到底是為何感到痛苦。

若是這種情況，你無論如何必須先暫時冷靜一下，就算只是一時的配合也無妨。總而言之，你需要暫時靜下心來，恢復理智。接著，你絕對需要他人的幫助，不可以一個人待著。至少，不能放任你的「心靈」處於孤單狀態。

因此，此刻「痛苦指數量表」超過九十分的人請下定決心，抱著這是「為了我自己！」、「為了照顧自己！」、「不管怎樣，要幫助自己！」的想法，從第1章〈總而言之，先冷靜一下〉的十種方法中選出至少兩到三種方法，再從第2章〈與他人連結〉的十種方法中也選出兩到三種方法，實際操作看看。

可以的話，最好各選「三種」。如果方法有三種，其中一種方法發揮效用的可能性就會增加。這些方法如果只做一次，大概不會有任何改變，你可能會失望，覺得「做這些可以幹嘛？」、「這樣做果然也不會讓我變得比較輕鬆」。然而，請不要在這裡放棄，不要絕望。如同我前面所說，這本書中的方法效果十分微小，正因為如此，持續操作才有意義。

因此，「痛苦指數量表」九十分以上的人，請務必每天操作從第1章與第2章中選擇的兩到三種（可以的話，三種更好！）方法，持續一個月。練習一個月後，再用一次痛苦指數量表檢測自己的狀態。

如果分數稍微下降的話，就一邊持續之前的練習，一邊朝第3章邁進吧。若是「痛苦指數量表」的分數絲毫沒有下降，請繼續先前第1章和第2章裡操作的方法再練習一個月，或是從第1章和第2章中改選其他方法（可以的話，各選三樣），重新操作。一個月後，再次用兩種量表檢測自己的狀態吧。

那麼，「痛苦指數量表」不到九十分的人要如何操作這本書呢？這樣的人應該可以跳過第1章〈總而言之，先冷靜一下〉。不過，大家未來可能會遇到「痛苦指數量表」超過九十分的情況。那種時候，請試試第1章的方法。另一方面，即使現在沒有特別痛苦，第2章的方法應該還是能對你有所幫助，請挑選一、兩種自己能做到的方法嘗試看看。我很推薦方法10的「寫出支援網」與其他工具。

第3章以後，我是預想讀者會按照順序閱讀、依序練習操作而寫成。因此，身為作者，希望大家可以依第3章、第4章、第5章……這樣的順序循序漸進練習。不過，應該也有人會覺得「這樣好死板」、「我只想練習自己想練習的方法」、「我只對最後介紹的方法比較有興趣」吧。

這種時候，各位就算依據自己的心情和喜好練習也完全沒有關係。因為，第三章後的內容編排，大家即使不按照順序、隨機或是依據個人喜好練習，也能得到確實的效果。想用哪種順序操作練習，由你自己決定。

不過，有兩件事無論如何都想拜託大家，那就是「不要只是看，要實際操作！」以及「不要只做一次，要反覆練習！」選擇一種方法後，無論如何請每天持續下去，盡可能維持一個月，至少也要一星期。然後確認「持續操作練習所帶來的微小成果」。

這本書介紹的方法全都是持續一個月後一定會見效的方法。你可能會感到焦急、不耐，但持續操作這件事本身就有著莫大的意義。這跟肌力訓練和練習樂器是一樣的道理，持之以恆是最重要的事。不用心急，做完這本書全部的練習需要一、兩年的時間——用這種感覺面對就夠了。因為，透過心理諮商康復的人大概也會需要這麼長的時間。

最後，如果你已經固定在身心科診所、精神科、身心內科看診、正在接受某些心理諮商，或是正在接受某些心理諮商之外的幫助支援，請務必事先告知你的治療者或幫助者，說自己正在練習這本書裡的方法。

雖然我認為發生下面這種情況的機率並不高，但萬一你的主治醫師說「現在先不要這樣做比較好」的話，請遵從醫師的指示。之後，等你的狀況稍微好轉時再詢問是否可以練習操作這本書。我想，大多數的情況下，他們都會鼓勵、支持你這麼做。

此時，非常建議你只要有機會，就跟治療者或幫助者報告自己操作這本書的感想，接受他們的打氣，讓他們成為你練習本書的支持者吧。又或者，你也可以將練習這本書的任何想法告訴家人、朋友或同事，讓他們成為你的支持者。

如果你覺得「沒有任何人能當我的支持者」，也請不要灰心，我這個作者就是你最大的支持者。我就是為此而寫下本書。請別忘記，筆者永遠會支持你，為你加油！

作者

Contents

第1章

總而言之，先冷靜一下

第2章

與他人連結

第 3 章

覺察壓力源
並寫下來

第 4 章

覺察壓力反應並寫下來

第 5 章

正念實踐

（運用身體、行為、五感）

第6章

正念實踐

（覺察念頭、意象、情緒後放下）

第7章

找出更多 壓力因應小策略吧

第 8 章

看清痛苦的「源頭」和「真面目」

第9章

從「詛咒」到「祝福」

第10章

守護、療癒你的「內在小孩」

第 1 章

總而言之，先冷靜一下

解說

「痛苦指數量表」超過九十分的人，首先，請先從第1章介紹的十種方法與第2章的〈與他人連結〉中操作幾項吧。如同〈本書的操作方法〉一節所提，請各選擇兩、三種方法，練習每種方法的時間不用太長也沒關係，只要有每天實行就好。

「痛苦指數量表」沒有超過九十分，但「就是覺得很痛苦」或是「想要暫時靜一靜」的人，先練習第1章的方法，學會「暫時冷靜」、「暫時恢復理智」的技巧應該會很有幫助。請大家帶著「這都是為了幫助自己！」的決心，認真操作練習。

如果出現「做這種事能幹嘛！」、「做了也沒用」的想法（我們的大腦越痛苦時越容易出現這種想法），請先把這些念頭放到一旁，專注在練習上吧。若覺得注意力難以集中，就試試看「假裝專心」。人們經常會在「假裝」的過程中，不知不覺真的專心起來。

work 1

承認、接納自己的痛苦

請不要封印「內心的呼喊」，將它們化為文字，寫在左頁的對話框裡吧。

像是「我好痛苦！」、「痛苦得受不了了！」、「我不知道要怎麼辦！」「我不想活了！」、「我好想死！」、「實在太痛苦了，感覺自己快瘋了！」、「再這樣下去我就要抓狂了！」、「管他去死！」、「隨便啦！」等等，什麼都可以寫。如果對話框太小，就隨便寫在手邊的影印紙或宣傳單背面吧。你也可以不只是寫下來，還實際喊出來。待在房裡時、走路時、洗澡或上廁所時、面對大海時，請試著大喊「我好痛苦！」吧。

第 1 章

總而言之，先冷靜一下

work 2

輕撫或輕拍身體

溫柔輕撫或是輕拍自己的身體可以舒緩身心痛苦。輕撫或輕拍不限於任何身體部位，可以是你的頭、脖子、肩膀、鎖骨周圍、肚子、屁股、大腿、小腿、膝蓋，哪裡都好。可以的話，請閉上眼，一邊持續動作，一邊用身體感受自己手掌的重量和溫度，以及觸碰帶來的溫和刺激。也可以一邊數著「一、二、三」，一邊撫觸自己。

一、二
三、四
邊數數邊進行

work 3

在不會受傷的前提下，給予身體有力的刺激

這個方法是給予身體有力的刺激，但並不是割腕這種「自殘行為」。所謂「有力的刺激」，舉例來說是用力捏自己的手背或臂膀、握冰塊、雙手浸在冰水裡、指甲用力按頭皮、拳頭用力壓大腿等等，哪一種方式都可以，然後將我們的注意力放到這些刺激帶來的身體感受上。當我們專注在這些感受上時，便能恢復理智。

（※註：這個方法的目的是「恢復理智」而非給予身體疼痛。如果發現自己快要演變成割腕這類自殘行為時，請立刻停止這項練習，嘗試本章其他方法。）

接受有力的刺激，就能恢復理智。

work 4

接地，讓身體的力量往下再往下

當我們痛苦、難過或不安時，身體的力量往往會不停向上移動，所以容易有呼吸急促、肩膀僵硬、頭痛等症狀。因此，感到痛苦時，我們更應該有意識地將身體的力量或重心往下再往下。

舉例來說，可以坐在椅子上，雙腳腳底緊貼地板；或是站起身，夾緊屁股，感受自己的雙腳穩穩踩在大地上；模仿相撲力士，將身體重心壓低，左右抬腿做踏步深蹲；去超市拿包五公斤的米實際感受重量；拿重物時，用下半身感受該項物品的重量等等，也可以想像地球的重力從下方吸引你的畫面。

將意識不斷往下集中

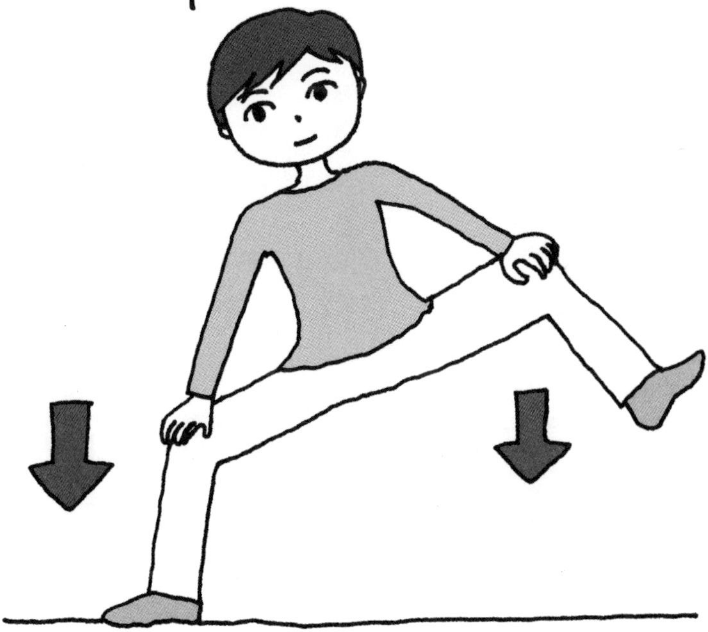

work 5
用大毛巾、披肩或毯子包覆自己

當我們被柔軟、巨大的東西溫柔包覆住時便能產生安心感、冷靜下來。你可以坐在椅子上，拿一塊布蓋住自己的頭和肩膀，也可以鑽進毯子裡，將身體縮成一團（胎兒姿勢），或是將窗簾捲在身上。

work 6
用力繃緊身體的一部分再完全放鬆（肌肉放鬆法）

雙手用力握拳，數到三後完全鬆開掌心，感受力量放鬆的感覺。或是用力拱起肩膀，數到三後放下肩膀，感受力量的釋放。又或是將雙手置於胸前合十，左右掌互相用力推擠，數到三後放下手臂，感受力量的放鬆。

其他還有用力閉緊雙眼，數到三後張開眼睛，或是雙手用力捏住雙耳的上半部抬起來，數到三後放手等等各種應用。

感受身體從緊繃狀態

到放鬆的感覺。

work 7

用力大口吐氣

「嘆氣」是我們身體消除身心緊張與疲勞的「智慧」。因此，有意識的嘆氣——也就是用力大口吐氣，是無論何時何地、何種狀態下都能做的最強自我照顧。請別只做一、兩次，而是反覆用力嘆氣五次、十次。

雖然持續吸氣可能會有「過度換氣」的副作用，但持續吐氣完全沒有任何副作用，有益無害。

用力嘆氣是最強的自我照顧。

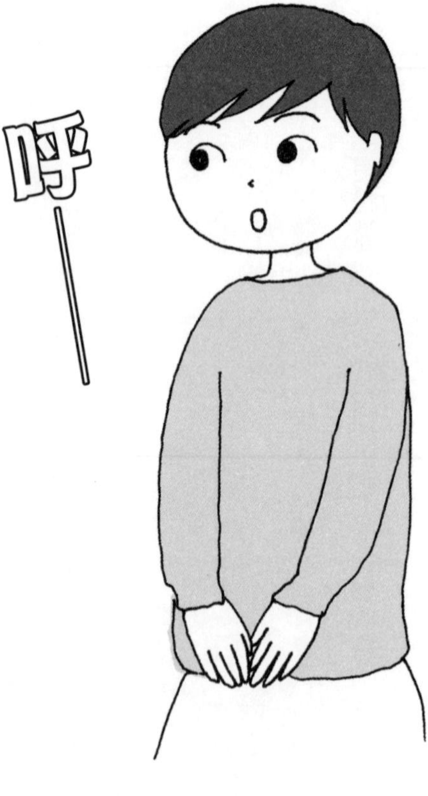

work 8

撕撕衛生紙，動手剪剪紙

雙手專心一意地做某種單純的工作也能幫助我們暫時冷靜下來。將一張衛生紙細細撕開、撕開、再撕開，撕到「無法再撕」的程度，堆成一座衛生紙條山（這個方法會犧牲一張衛生紙，可能有點浪費），或是拿張不需要的紙（傳單或信件），用剪刀咖嚓咖嚓地剪開、剪開、再剪開，剪到「無法再剪」的程度。

其他也可以嘗試專心壓氣泡紙的泡泡、仔細地洗手，拔豆芽菜的根鬚、將青菜切末等等，總而言之，就是動手再動手，讓雙手不要停下來。

將一張衛生紙
撕開、撕開、
再撕開。

work 9 緊緊抱住某樣東西

「擁抱」這個行為本身具有讓人冷靜下來的顯著效果。你可以擁抱家人、伴侶、朋友，也可以將寵物或絨毛娃娃擁入懷中。此外，你也可以伸出手臂環繞身體，自己擁抱自己，或是抱著墊子或枕頭也很不錯。另外，雖然有可能被路人當成「怪人」，但你甚至可以抱住公園的樹木和電線桿喔（既然心情都已經很沮喪了，被當成「怪人」也無妨吧！）

擁抱讓心情
獲得舒緩。

work 10

關在廁所裡，轉換場所

關在個人廁間裡打發時間對於「總而言之，冷靜一下」也非常有用。如果是有加熱功能的馬桶座就更好，你可以坐一陣子，感受那份溫暖。

不用家裡的廁所也沒關係，可以出門借用車站內外、超市、咖啡廳的廁所，暫時關在裡面也不錯（不過，若是使用外面的廁所，最好不要超過十分鐘）。

即使不是廁所，「離開現在所處的環境，轉換地點」這個行為本身在心理學上也是極為有效的方法（time-out，暫時隔離法）。當「痛苦得不知道該怎麼辦，好難受！」的時候，不是試圖改變痛苦的心情，而是改變自己的所在。

痛苦的時候，
關在廁所裡。
馬桶座溫溫的
更好！

第 2 章

與他人連結

解說

如同「前言」裡所說，雖然「自我照顧」的確是「自己幫助自己」，但絕對不是要你「不借助他人力量，單打獨鬥」。有句很棒的話是這麼說的：「所謂自立，就是增加能依賴的事物。」（這句話出自熊谷晉一郎，他既是一位醫生，也是一位腦性麻痺患者）我們就是在相互依賴和被依賴的關係中才得以自立、生存。

或許有人會覺得「就算這麼說，我身邊也沒有任何人能依賴」。但重點不只在於「此刻依賴某人」，「尋找能依賴的人」、「心中浮現某個人」、「身邊有某種人事物陪伴（即使並非人類也無妨）」在心理學上也確實算是「與他人連結」——至少，「你的心靈並非孤單一人」。

尤其是「痛苦指數量表」超過九十分的人，請絕對不要自己一個人獨處，從下面列舉的十種技法中挑選兩、三種就好（可以的話請挑三種！），嘗試這些方法，與他人連結吧。

work 1

下定決心「不讓自己的心孤單」

一廂情願認定「反正我就是孤單一人」、「我身邊都沒人陪」、「沒有人可以信任」是很危險的事，這就像是在心裡霸凌自己（自我傷害）一樣。首先，請為了自己下定決心：「至少，不要讓自己的心孤單」。

就算今天身邊看似沒有人能幫助你，你也不需要讓自己的心也陷入孤苦無依的狀態。接下來在後面會告訴你，這是因為就算幫助我們的不是「人」，那也沒關係。

總而言之，請先下定決心：「不讓自己孤單」、「我值得獲得他人的幫助」、「向別人求助也沒關係」、「一定有人（或事物）能夠幫助我」。在這個基礎下，一起從方法2開始實踐吧。

work 2

想想有過幾面之緣的人

實際上，我們不可能「單獨靠自己一個人」生活。就算真的足不出戶，我們也還是得吃東西。因為有人生產食物、將食物運送到店裡以及販售食物，我們才能將那些食物送入口中。

就算不是關係這麼間接的人，我們身旁是不是也有些「有過幾面之緣」的人呢？便利商店和超市的店員、點頭之交的鄰居、車站的站務員、派出所的巡邏員警、附近的流浪貓（我家附近大樓的院子裡就住了隻深得我心的黑色浪貓）、公園裡看到的小孩和老人，甚至是飛來陽台的鴿子或麻雀……雖然你和

第 2 章

與他人連結

他們沒有直接密切的互動，但試著在腦海裡想像這些臉孔，將他們寫下來，應該就能理解自己並不是「完全隻身一人」，而是活在社會的網絡中吧。

work 3

蒐集現在和過去喜歡的人、崇拜的人的名字，想像他們的樣子

每個人應該都有（或曾經有過）喜歡的人和崇拜的人吧。

無論是你真正認識的人，或是在書本、電影世界中喜歡或崇拜的人（我很崇拜一位名叫山野井妙子的登山家）。就算不是真人而是動漫、插畫角色也無妨（說到動漫角色的話，我無條件支持《天才妙老爹》*裡的老爹！）。

請將這些人或角色的名字蒐集起來，一一在腦海裡想像他們的畫面吧。

*中文編注：一部日本經典搞笑漫畫。

試著在腦海裡想像
喜歡的人。

work 4

喜歡的動漫、插畫角色？喜歡的寵物？絨毛娃娃？

我在方法3舉了「天才妙老爹的老爹」當例子，現在就來蒐集一下你喜歡的動漫、插畫角色吧。天才妙老爹的老爹、MOOMIN媽媽、櫻桃小丸子、寶可夢……什麼都可以。

對有飼養寵物的人而言，寵物應該也是很重要的夥伴，也可以想想過去曾經飼養過的寵物（我以前養過一隻玄鳳鸚鵡叫「小奇」，超級疼牠的！）。現在或過去很珍惜的絨毛娃娃也是不可或缺的存在（我有隻非常喜歡的哥吉拉娃娃叫「釜吉」！他還有兩個弟弟叫「龍龍（變色龍娃娃）」和「阿象（大象娃娃）」！我真想讓大家看看他們有多～可愛！）。

work 5

蒐集資訊，哪裡可以提供支援？

請尋找看看能夠諮商、幫助自己的專家或機構吧。這是一個可以利用手機或電腦上網蒐集資訊的美好時代，網路上有各式各樣的資訊，告訴你這些專家或機構是否值得信任。你不妨蒐集各種資訊，將它們寫在筆記本或是記錄在手機裡。

就算不用網路，也可以向公家機關諮詢或是和其他人打聽等等。請先運用各種不同的方式蒐集資訊吧。光是蒐集資訊，就能讓人產生一種「無論如何，都有人或相關單位可以幫助我」的想法。此外，尋找一些跟自己有類似煩惱的人組成的「自助團體」也是一種方法。

寫出提供支援的資訊

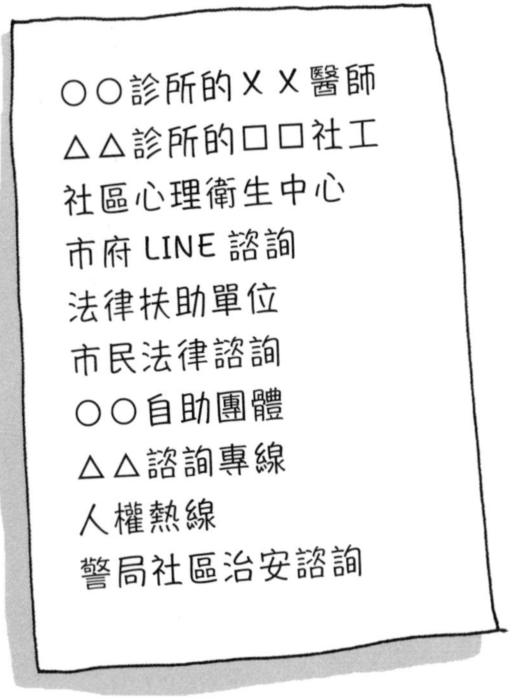

work 6

預約諮商吧。為諮商做準備，實際去諮商

透過方法5蒐集資訊後，請檢視哪些支援實際上可用、或許對自己有用、能夠成為自己的助力，試著預約諮商吧。無法自行下決定的話，也可以請別人幫忙。

這些資訊中有可能存在可疑人士或不明單位。如果有疑慮，一開始儘量先洽詢公家機關為佳。預約完成後就要開始為諮商做準備。比起兩手空空地前往諮商，事先將自己正在為什麼煩惱、想要諮詢什麼等具體內容寫下來，對提供和接受諮商的雙方都會更為有利。

接著是實際前往諮商。如果是透過網路、LINE或電話諮商的話，便可以在家中進行。實際諮商後無論是否有效，請讚美成功完成諮商的自己。因為，「找人商量」這件事本身就是非常重要的自我照顧。請祝福做得到這件事的自己吧。

work 7

鍥而不捨，持續尋找「還算能信任的人」

如果你一開始尋求諮商的對象或機構，提供的支援就完全符合你的期待，那可說是天大的幸運。老實說，一開始諮商就獲得滿意成果的案例並不多見。因此，即使你對於自己的初次諮商不甚滿意，也別太氣餒，請繼續第二次、第三次諮商，務必持續下去。你可以找同一個人或機構，也可以變更下一次諮商的對象或機構。

總之，就是鍥而不捨。只要持續尋找，一定能夠找到可以幫助你、支持你的人。此外，在持續諮商的過程中，你也能夠逐漸提升自己的「諮商能力」。

諮商能力等級越高，越容易找到可靠的協助者或機構。因此，即使一時找不到適合自己的協助者或機構也請別氣餒，請想成「這是提升諮商能力的好機會」，讓諮商這項行動堅持下去吧。

鍥而不捨，持續尋找。

work 8 善用社群網路

運用推特、IG、LINE、臉書等社群網路開拓提供支援的資源，可說是現代人獨有的方法。社群網路使用起來輕鬆又方便，也因此存在相對的風險，像是接收到令自己不快的負面資訊，或是遭到討厭的陌生人糾纏等等。但只要能從這些風險中保護自己（例如，封鎖糾纏自己的人），專注和支持自己或是能互相支援的人聯繫，在社群網路中創造一個支援的空間，就能成為一道很大的助力。

其實，當我因為家人生病感到走投無路，面臨難以負荷的壓力時，也是利用某個社群網路向大家求援，獲得了有用的資訊和建議。

work 9

遠離危險人物也很重要

人群中有能支持你、幫助你的存在，同時也會有帶來危害的危險人物。因此，我們必須小心謹慎，時常保持警覺挑選來往、諮商的對象或機構。當你判斷某人對你來說有危險性時，就必須跟對方保持距離，遠離對方並保護自己。

請試著在左頁的欄位裡舉出「對我來說，誰是危險人物」，將自己要和對方保持多少距離、如何遠離對方等具體方法寫下來吧。

對我來說，誰是危險人物？

work 10

寫出（外化）支援網

試著結合1到9的方法，外化你的支援網吧。請隨身攜帶這張清單，不時摸摸它，看看它。看著外化的支援網會讓你重新覺得「自己不是孤單一人」、「這世上有支持我的存在」。此外，如果支援網中有新增的人或機構，也請馬上補寫到這份清單裡。

我的支援網

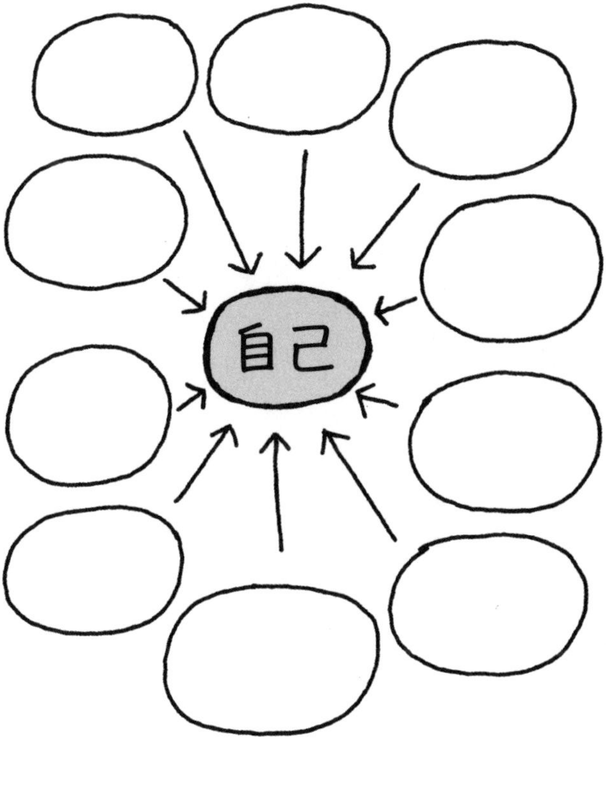

壓力心理學

在進入第3章前，請讓我稍微說明一下「壓力心理學」的內容！

在前言「痛苦指數量表」檢測中超過九十分以上的人，我已經請各位趕快練習第1章〈總而言之，先冷靜一下〉與第2章〈與他人連結〉的方法。當然，第1章和第2章介紹的任何一種方法對痛苦指數沒有超過九十分的人而言也都相當有用，請大家務必嘗試看看。

接下來的第3章到第7章的五個章節，將會以「壓力心理學」、「正念」、「壓力因應策略」等理論和手法為基礎，告訴大家自我照顧的具體做法。因此，我想在這裡先簡單說明一下這些理論。

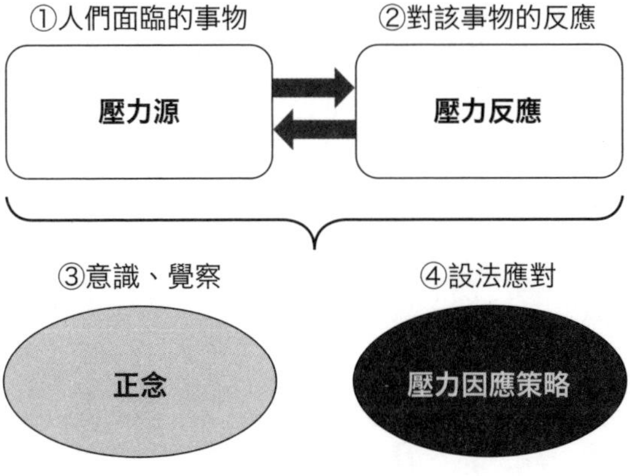

壓力模式、正念、壓力因應策略關係圖

首先，請大家看一下這張圖。

①的「壓力源」指的是我們面臨的「刺激」、「事件」和「變化」等等，也就是所謂的「壓力來源」。舉個簡單的例子，「剛才明明還是晴天，突然就下雨了」，這個事件就屬於壓力源。

②的「壓力反應」則是當面臨①的「壓力源」時，我們的生理、心理所產生的各種反應。以「突然下雨」

為例，如果將此事件視為一個壓力源，心裡想著「啊，下雨了。好討厭喔，衣服和包包會濕掉」、覺得不開心是一種壓力反應，「衣服、身上的東西、頭髮、身體被雨淋濕」這件事也是壓力反應。身體因為下雨而發冷是種壓力反應，因為身體發冷而擔心「哇，要是因為這樣感冒的話怎麼辦？明天上班又不能請假」也是種壓力反應。實際上，面對「壓力源」時，我們的身心會有各式各樣的反應。

③的「正念」意思是意識、覺察這些「壓力源」和「壓力反應」。關於正念，在第5章和第6章會有詳細說明。這是一種面對各種壓力源和壓力反應時不加以評斷批判「好」或「壞」，「喜歡」或「厭惡」，「對」或「錯」的技巧，無論面臨什麼事、身心產生何種反應，都只是有意識地去覺察「哦——原來如此，原來是這樣」，並如實接納。

實行正念時，我們要觀察的不僅限於壓力，而是自己經歷的所有體驗。但若單純以壓力經驗來說明，就是要在面對①的壓力源和②的壓力反應時，如實接納每一個念頭，像是「啊，下雨啦，這樣啊。」、「啊，我剛剛在想『下雨了，好討厭』，原來如此。」、「啊，我感受到頭髮被雨淋濕了，原來如此。」或是「啊，我剛剛在擔心自己會不會感冒。原來如此。」

④的「壓力因應策略」，意思是針對①的「壓力源」和②的「壓力反應」，設法做出一些能夠幫助自己的應對處理。像是衝進便利商店買傘，或是換個角度思考「最近空氣很乾燥，稍微下點雨或許比較好」，又或是回家後泡個澡溫暖寒冷的身軀。

我們再歸納整理一次，①的「壓力源」是我們面臨的事物（第3章），②的壓力反應是我們的身心在面對「壓力源」時產生的反應（第4章），③的「正念」是意識、覺察到①和②（第5章、第6章），④的「壓力因應策略」是針對①和②設法應對處理，幫助自己（第7章）。

將這些定義放在心上後，操作第3章到第7章的方法時應該會更加順暢。

第 3 章

覺察壓力源
並寫下來

解說

如前面所說，「壓力源」指的是我們面臨到的「刺激」、「事件」和「變化」等等，也就是所謂的「壓力來源」。剛才，我舉的是「突然下雨了」這個單純的例子，但人生在世，或者說在日常生活中，我們會面臨到各式各樣的壓力源。

壓力心理學研究發現，在逐一覺察這些壓力源後，比起置之不理，將其外化（寫下來）更能發揮各種效果。也就是說，「覺察壓力源並寫下來」這件事本身，就蘊含了「自我照顧」的意義。

因此，第3章將會介紹十種方法，幫助我們覺察自己所面臨的各種壓力源，並把它們寫下來。誠摯推薦大家嘗試看看。

work 1

覺察壓力源，尤其是注意微小的壓力源

首先，我們必須覺察壓力源本身的存在。因為唯有覺察，方能應對。龐大的壓力源很容易覺察，像是遭逢車禍、工作被炒魷魚、和家人大吵等等。就算不是那麼巨大，而是中等規模的壓力源，像是手機忘在電車上、明天必須交出一份報告、遭到主管訓斥等等，也都還算好覺察。

壓力心理學研究發現，覺察這種規模中等的壓力源，以及更加微小的壓力源，是很重要的事。

所謂微小的壓力源，大概就是之前舉的「突然下雨了」這種程度的感覺。

不是「和誰吵架」，而是「跟某人似乎有點合不來」；不是「不得不跟人借錢」，而是「這個月的生活費有點拮据，不能買冰當點心了」；不是「家裡亂得像垃圾堆」，而是「玄關積了一層薄薄的灰」。

或許有人會想：「連這種小事也可以當作壓力源嗎？」答案是「當然可以」。如前所述，心理學研究發現，正是要察覺這種微小的壓力源，了解「啊，原來這件事對我來說是壓力源」、「原來我會在意這種事」，才更有意義和效果。

從方法3開始，列舉了一些可以意識到壓力源的線索，請大家實際寫出（外化）自己的壓力源。練習時，不要只著重在大型壓力源，還請你嘗試覺察中等或是更微小的壓力源吧。

看完的書都
堆在那裡。
我討厭
被雨淋濕，
不想出門。

work 2
盡全力逃離過於危險的壓力源

從方法3開始，將從各種角度請大家練習「覺察壓力源並寫下來」。但萬一你此刻面臨的壓力源過於危險，就不是悠悠哉哉練習什麼「覺察並寫下來」的時候了。我只有一個建議：「快逃！」當你發現「這個壓力源實在太危險了！」，請務必竭盡所能地逃離，或是利用第2章的方法向他人求助。

所謂過於危險的壓力源，可能是「遭受某人的暴力對待」、「目睹某人對某人施暴的場面」、「遭到跟蹤狂糾纏」、「被騙取金錢」、「成為犯罪受害者」、「受到騷擾侵害」這類狀況。總而言之，請馬上逃離、尋求協助，保護自己！

work 3
覺察物理性壓力源並寫下來

物理性壓力源指的是位於外部、與自己沒有直接關係的壓力源，像是「下雨了」、「外面熱得不得了」、「噪音好吵」、「椅子太硬了很難坐」、「被後面的車子閃大燈」等等。

物理性壓力源畢竟是來自物理環境，其性質就是「我們也沒辦法拿它怎樣」。我們無法讓天空停止下雨、也無法讓硬梆梆的椅子變軟對吧？不過，即使是「沒辦法拿它怎樣」的壓力源，只要你去覺察它、寫下它，就會帶來小小的實質改變。事不宜遲，現在就動手外化你面臨的物理性壓力源吧。

試著將壓力源寫下來。

work 4

跟家庭、家人、家事、育兒、照護有關的壓力源有哪些？

家庭或家人可能是支持我們的重要存在，同時卻也會成為我們的壓力源。無論是多麼雞毛蒜皮的小事都沒關係，請意識、觀察這方面的壓力源，將它們外化吧。

〔例〕 老公喜歡碎碎念。家裡到處都是衣服。管理費遲繳。小孩子老是愛找藉口。擔起照護母親的職責，但她總是心情差又愛囉嗦。

老公喝完水後杯子就丟在那裡。
老公脫下來丟在一旁的襪子。
一直在電話裡頭抱怨的母親。
啊哈哈哈哈!
兒子不準備明天上學的東西。

work 5 工作或學業上的壓力源有哪些？

你的工作或學業上又有哪些壓力源呢？我們在工作或求學時，能夠找到許多價值與成就感，但在過程中，也可能面臨各式各樣的壓力源。請試著將這些大大小小的壓力源都寫下來。

〔例〕公司太遠，上班通勤好辛苦。跟某些同事個性合不來。不喜歡制服。薪水太低。主管的笑話很無聊。校規太瑣碎。客戶是奧客。

主管邀我參加我不喜歡的聚餐。
公司裡有脾氣很差的人。
只有我的工作特別多。
上班時間塞滿人的電車。

work 6

人際關係上的壓力源有哪些？

人際關係總會伴隨著各式各樣的壓力源。請試著寫出自己與人際關係有關的壓力源，想到什麼就寫什麼，就算跟方法4和5寫的壓力源重複也沒關係。將腦海中想到的壓力源都列舉出來吧。

〔例〕老婆喜歡碎碎念。在電梯裡碰到鄰居，打了招呼結果被對方忽略。好像有同事在說我壞話。被男／女朋友甩了。朋友過於頻繁地傳LINE訊息來，好累。

不喜歡媽媽老是在抱怨。
沒有立刻回別人LINE訊息就會很焦慮。
跟老公商量自己的煩惱他卻說「我不懂」。
朋友擅自把意見加諸在我身上，覺得很煩。

work 7 金錢和生活方面的壓力源有哪些？

在金錢和生活方面，我們也可能面臨各式各樣的壓力源。請把這些壓力源都詳細寫下來。

〔例〕想多存點錢卻沒辦法。孩子的教育費用太花錢了。不小心在便利商店買了多餘的東西。繳房貸好辛苦。收垃圾的時間太早了。家裡亂七八糟。樓上鄰居小孩跑來跑去的聲音好吵。

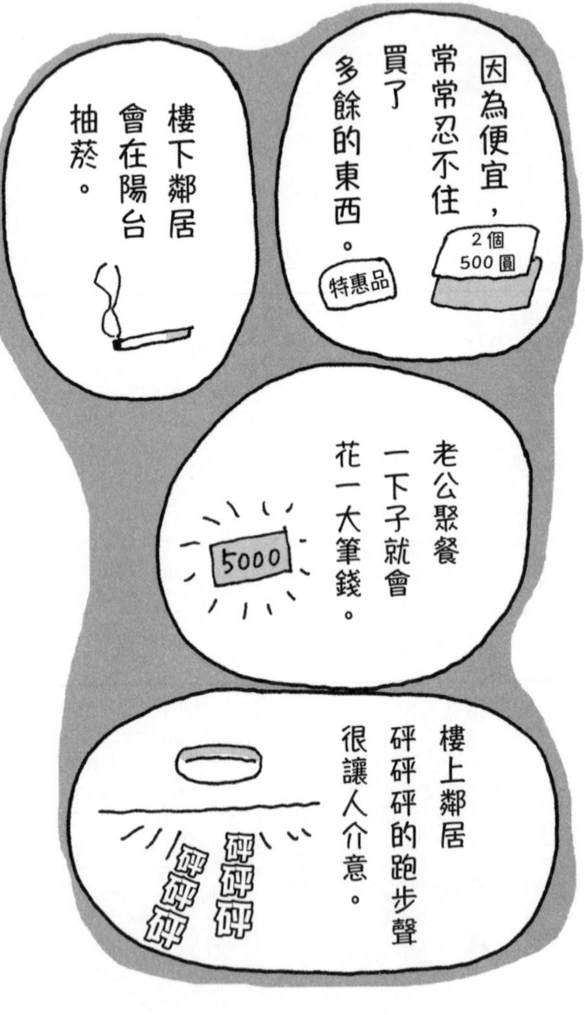
因為便宜，常常忍不住買了多餘的東西。
2個 500圓
特惠品
樓下鄰居會在陽台抽菸。
老公聚餐一下子就會花一大筆錢。
5000
樓上鄰居砰砰砰的跑步聲很讓人介意。
砰砰砰
砰砰砰

work 8

個人身心或是身心健康的壓力源有哪些？

個人的身心雖然和「外在物理環境」不同，但實際上也會發生各種跟我們的意願反其道而行的現象。請將這些現象也視為壓力源，將想到的都寫下來吧。

〔例〕最近體重增加了兩公斤，衣服變緊了。有蛀牙卻一直不敢去看牙醫。最近心情總是很低落。一想到未來就只有無限的擔心。拉肚子。身體每天都在同樣的時間起蕁麻疹，很癢。

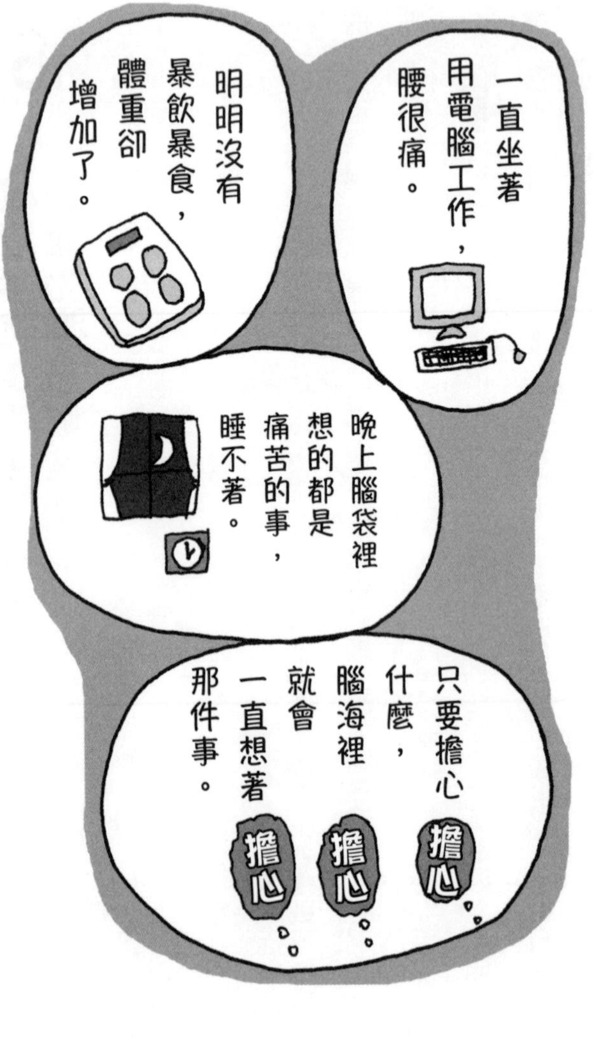
一直坐著
用電腦工作，
腰很痛。
明明沒有
暴飲暴食，
體重卻
增加了。
晚上腦袋裡
想的都是
痛苦的事，
睡不著。
只要擔心
什麼，
腦海裡
就會
一直想著
那件事。
擔心
擔心
擔心

work 9

觸發經驗再現或欲望的因素有哪些？

如果你擁有某些創傷，生活中或許會出現「經驗再現（flashback）」的情況。又或者假如你有某些成癮的問題，也就是有想戒卻戒不掉的東西（〔例〕酒精、賭博、購物、藥物、遊戲等等），就會對成癮對象產生強烈的欲望吧？經驗再現或產生欲望時，都會有某些「因素」，這個因素也可以被視為一種壓力源。請仔細觀察，是什麼樣的因素會令你產生經驗再現或欲望。發現那些因素後，試著寫下來吧。

〔例〕接近受害那一天的日期。大街上播放著聖誕歌曲。男性頭髮造型品的味道。酒精飲料試喝。在IG上看到漂亮的衣服。寂寞的時候。肚子餓的時候。在臉書或IG上看到朋友很開心的照片時。

在社群網路上看到朋友上傳看起來很好吃的便當照片時。
聽到車子緊急煞車的聲音時。
嘰
晚上睡覺聽到什麼東西的聲音時。
喀！

work 10

每天觀察壓力源，寫成「壓力日記」（養成外化的習慣）

講到這裡，各位應該都已經瞭解：包含微小的壓力源在內，我們的日常生活中充斥著各式各樣的壓力源。說極端些，只有當我們的生命走到盡頭時，壓力源才會消失。也就是說，人只要活著，就一定有壓力源。重要的不是試圖勉強消滅壓力源，也不是閉上眼睛，對壓力源視而不見，而是去意識、覺察各種壓力源，抱持「這樣啊，原來我有這種壓力源啊」的想法，接納並外化（寫下來）壓力源。前文也說過，心理學家已經證實，光是每天觀察壓力源並記錄下來，就能產生自我照顧的效果。因此，我希望大家每天一定要寫「壓力日記」。你不妨影印數張附錄中「壓力日記」來用，或是一發現壓力源就記錄到自己的手機或電腦裡。又或者，還有個不錯的方法，就是設定一個推特私人帳號，在上面寫下自己一連串的壓力源（其實我就是這樣做！轉成私帳後不會有追蹤者，所以不用擔心內容會被看到）。

第 4 章

覺察壓力反應並寫下來

解說

學會覺察壓力源後，接著就是要將意識放到身心因為壓力源而產生的各種「壓力反應」上。如果有「突然下雨」這個壓力源的話，大家一定會對這件事產生各種反應，像是覺得「好討厭喔」、感到不開心、身體淋濕、躲雨等等。和覺察壓力源相同，我們也要鉅細靡遺地觀察這些反應，然後一樣要將反應外化，也就是寫下來。

壓力反應跟壓力源一樣，重點不在於一開始就要去處理和解決，而是意識到「自己正在產生這樣的壓力反應」，理解它並加以外化。心理學研究顯示，這種行為本身便和自我照顧息息相關。

在這裡，我想請大家記住一件事：「我們所有的壓力反應，都是為了保護自己的正常反應」。「為了活下去，而導致身心產生壓力反應」是所有人類，甚至是所有生物與生俱來的設計。創傷反應（經驗再現、解離、凍結）也是一樣的道理。因此，當你出現壓力反應時請不要自責，覺得「遇到這種小事就出現壓力反應也太怪」、「明明別人都沒事，我卻一直出現壓力反應，未免也太懦弱」。首先，請先認同、接納自己身上出現了這樣的反應吧。

關於接納之後該怎麼做，在接下來的正念（第5章、第6章）和壓力因應策略（第7章）篇章會介紹各種方法，再請大家實際操作看看。

work 1

首先，意識自己的身心正對壓力源產生某些變化與反應（壓力反應）

相信你現在已經能夠覺察「壓力源」了。覺察到自己面臨的壓力源後，請立刻想想身上是不是出現了某些變化與反應，試著將意識放到身心上。請去捕捉那項壓力引起的身心變化：違和感、不悅、煩躁、沉重、厭惡感、疼痛……等等。剛開始很粗略也沒關係，請先覺察「自己身上正在產生某種變化和反應」吧。

壓力反應是對壓力源做出回應後的產物，但有時我們是先覺察自己的身心產生了某些壓力反應，才會想到「啊，我現在可能感到有壓力？」、「這個反

第 4 章

覺察壓力反應並寫下來

應的壓力源是什麼呢？」、「也許那件事是我的壓力源？」然後才回溯到壓力源。我們的身心比我們想像中更加聰明、敏銳。有時候，我們的身心就像是感測器，對「大腦」尚未意識到的事率先產生反應，讓我們能夠覺察到自己的壓力源與壓力反應。因此，細膩地意識自己的身心，學會捕捉身心微小的變化和反應，可說是相當重要。

work 2 為壓力反應簡單取個名字

覺察到自己身心產生的某些反應後，請先試著為那些反應「命名」。取個簡單、大概的名字就可以了。

例如「違和感」、「煩躁感」、「不耐煩」、「身體的疼痛」、「胸口鬱結」或是「總覺得無法冷靜」，什麼樣的名字都可以。你想要的話，叫做「搞不清楚的不知名反應」、「神祕的壓力反應」也OK。總之，先幫好不容易捕捉到的壓力反應下個「標題」。

試著為壓力反應命名吧。

work

3

為壓力反應的「大小」和「強度」簡單打個分數

當你為壓力反應命名後，接下來便是衡量這些反應的「大小」與「強度」。假設最大的壓力反應是「100」的話，此刻你感覺到的反應是多少呢？50、75、90？還是15、20呢？

利用圓餅圖或長條圖想像也是不錯的方法。透過為身心的壓力反應打分數，我們可以再度客觀審視這些反應的大小和強度。

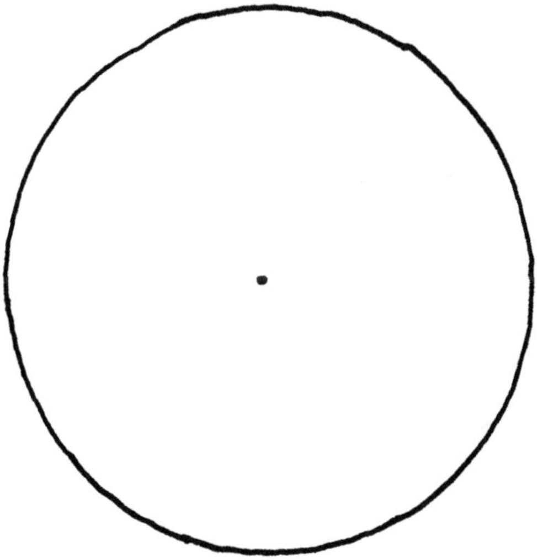

試著填填看！
自己的壓力反應
有多大？

認知行為治療

現在，請讓我簡單說明一下「認知行為治療」（Cognitive Behavioral Therapy，簡稱 CBT）這種心理治療方法。

這張圖是第81頁標示過的一部分圖片，說明了人類的壓力經驗。如同大家已經所了解的，我們面臨的事物叫做「壓力源」，而我們身心對壓力源產生的反應則叫做「壓力反應」。在前面，我們已經學到如何為自己的壓力反應簡單命名，並為反應的大小和強度打分數，光是這樣做就已經具有十足的意義；但如果能更加具體、詳盡地意識並捕捉自己的反應，會更理想。認知行為治療將人類的反應分為「認知（自動化思

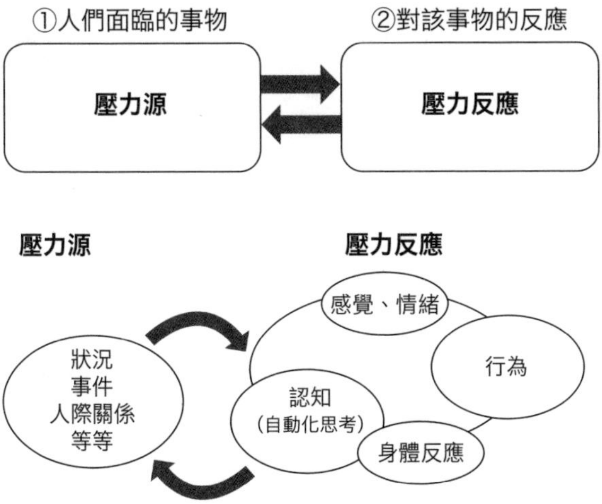

認知行為治療的基本模式

考）」、「感覺、情緒」、「身體反應」、「行為」四部分。因此，能從這四個方向去意識壓力反應是很重要的事。接下來，我將會為大家具體說明，請不用將這件事想得太艱澀或是拘泥於一格，隨意看看，大概嘗試一下各種方法即可。

work 4

試著描述腦海中浮現的念頭（自動化思考）

所謂「認知」，就是大腦中的思考、記憶、知識或信念。「自動化思考（automatic thinking）」也是認知的一部分，指的是「每一次都會瞬間、自動閃過腦海的念頭或意象」。想要覺察壓力反應，首先可以將注意力放在自動化思考上。請試著意識自己的自動化思考，將它們描述出來。你可以參考下面的例子。

自動化思考的壓力反應舉例：「啊，下雨了，好討厭喔」、「這個人在胡說八道什麼啊？」、「難道是我的錯嗎？」、「我受夠了！」、「明天好不想上班」、「好想死」、「好想揍他」、「這些錢撐得到發薪日嗎？」等等。

自動化思考以意象出現的狀況諸如：腦海裡突然浮現討厭的人的臉（視覺意象）、腦海裡迴響起曾經有人對自己說過、你不喜歡的那些話（聽覺意象）、想起寵物過世時的畫面而感到悲傷（視覺意象）等等。

work 5

試著描述內心浮現的情感（感覺、情緒）

「感覺、情緒」就是內心浮現的情感。如果說「自動化思考」是出現在腦海中的現象，「感覺、情緒」大概多是肚子到胸口一帶的感受。「感覺、情緒」的特點是可以用簡短精確的文字表現，例如「高興」、「悲傷」、「寂寞」、「空虛」、「興高采烈」、「興奮期待」、「不耐煩」、「火大」、「孤獨」、「沮喪」、「消沉」、「陰沉」、「憤怒」、「無力」、「要爆炸了」、「不安」、「恐懼」等等。

意識你內心面對壓力源時產生的各種感覺和情緒，用簡短精確的文字為它們命名吧。雖然壓力反應產生的感覺和情緒大多是負面的，但也有正面與負面情緒摻雜的情況，像是「雖然開心但很不安」或是「高興又寂寞」等等。

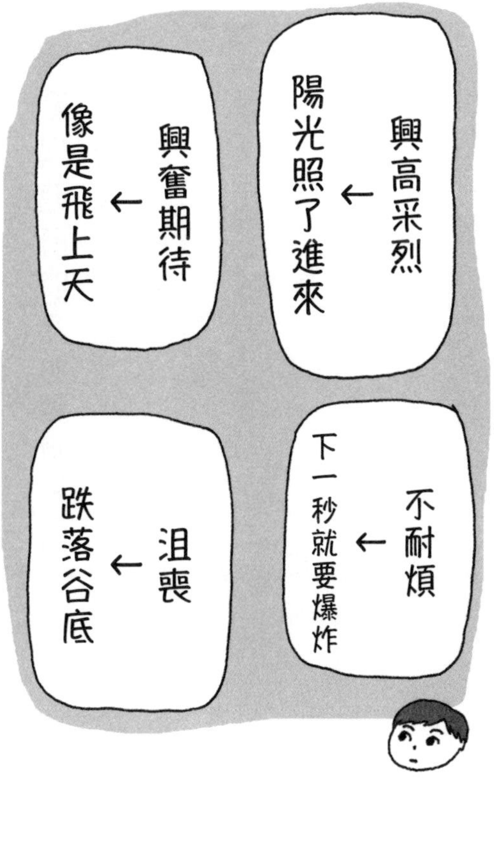

work 6

覺察身體反應（生理現象），描述出來

請試著將注意力放在身體的生理反應上吧。壓力反應導致的身體反應有下面這些例子：

呼吸急促。呼吸中斷。腦袋充血。心跳加速、心悸。頭痛。蕁麻疹發作。發燒。肩頸僵硬。腰痠背痛。胃痛。腹瀉。放屁。腹痛。便秘。頻尿。手腳發抖。手腳冰冷。全身僵硬。全身無力。掉髮。頭皮癢。手腳發癢。喉嚨卡住。視野變狹窄……

我們的身體非常誠實，即使內心感受不到，身體也會出現種種壓力反應。

誠心建議大家，請一定要意識自己身體上的各種變化，時時覺察那些壓力反應，試著將它們描述出來。

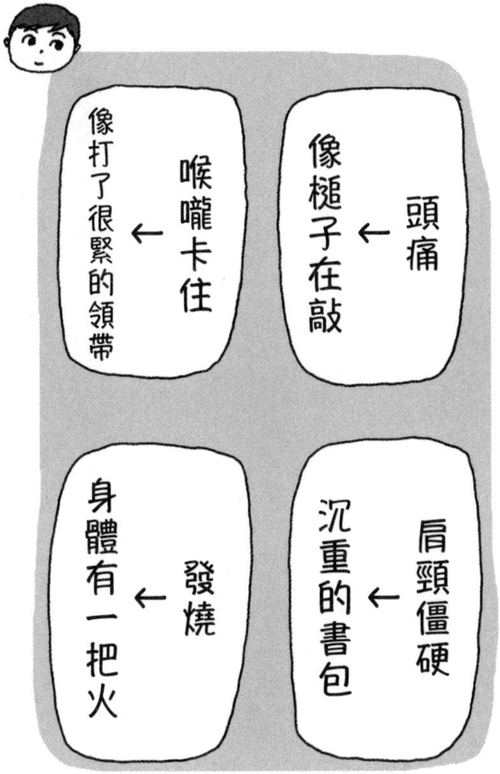

work 7

覺察行為上的壓力反應，描述出來

「行為」，指的是你的動作舉止和所有身體動作。行為也會展現各式各樣的壓力反應。

例如：「提高音量」、「嘆氣」、「哭泣」、「睡死」、「吃甜食」、「握拳」、「拔頭髮」、「亂抓頭髮」、「關在廁所裡」、「沉迷手機遊戲」、「看愛犬的照片」等等。

當面臨壓力源時，請試著意識自己會產生什麼樣的壓力反應行為，並將其描述出來吧。

提高音量 ← 登高一呼
哭泣 ← 內心在下雨
嘆氣 ← 內心大掃除
關在廁所裡 ← 與世隔絕

work 8

用插圖、繪畫、圖形取代文字，外化壓力反應

將自己身心產生的壓力反應用文字「寫下來」的「外化」有著卓越的效果，但我們不一定要拘泥於「文字」。如果是喜歡用「影像」、「繪畫」、「圖形」來表現勝過文字的人，請務必以符合自己喜好的方法外化壓力反應。如果你喜歡畫畫，只要盡情地畫出來就好。

work 9 試著外化所有壓力經驗元素（壓力源×自動化思考、感覺和情緒、身體反應、行為）

當你根據認知行為治療的模式，從「認知（自動化思考）」、「感覺、情緒」、「身體反應」、「行為」四個方向辨識自己的壓力反應後，請一定要嘗試將整體的壓力經驗外化到下頁的圖表中。書末附錄中也收錄了相同的圖表，你可以多印幾張下來，以便隨時填寫。

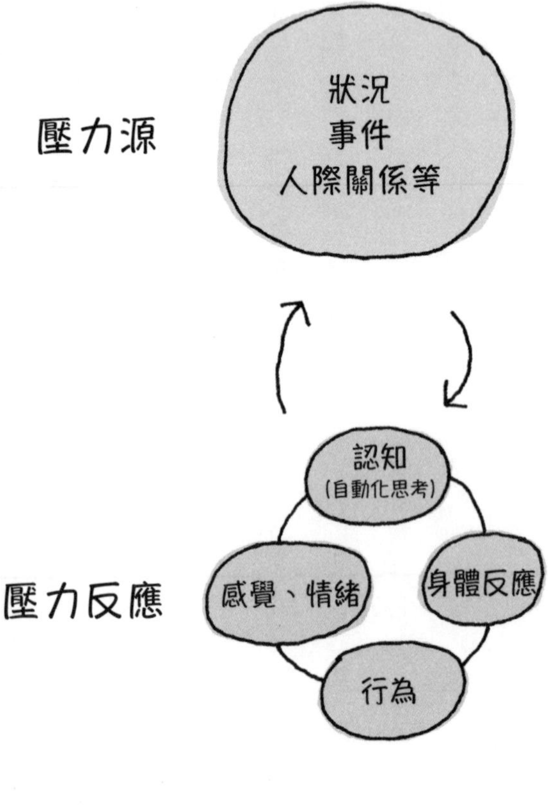
壓力源
狀況
事件
人際關係等
壓力反應
認知
(自動化思考)
感覺、情緒
身體反應
行為

work 10

寫下你的壓力日記吧！

請養成時時外化日常壓力經驗（壓力源、壓力反應）的習慣吧。不管是在下班回家的通勤時間、晚上刷完牙後或是隔天早上都可以，試著問自己：「我今天（昨天）有什麼樣的壓力經驗呢？」無論是多麼雞毛蒜皮的小事都沒關係，請練習將那天（前一天）的壓力源和壓力反應外化。

你可以試著在書末附錄的「壓力日記」上寫下自己的壓力經驗，一天一行也沒關係，或是利用方法9介紹的認知行為治療模式圖，每天填入一項壓力經驗。當我們能夠經常意識到每天的壓力經驗，就更容易執行接下來要介紹的正念（第5章、第6章）和壓力因應策略（第7章），也更能提升這些方法的效果。請大家一定要時常意識自己每天的壓力經驗，將它們外化！

第 5 章

正念實踐

（運用身體、行為、五感）

解說

所謂的「正念（mindfulness）」，就是「有意識地覺知自己『當下』發生的事，不加以評斷、批判，如實觀察並接納那些事件和經驗」。

在第3章和第4章裡，我們已經學到如何意識「壓力源」和「壓力反應」，並將這兩者描述、外化出來。如果在這些過程中運用正念的話，感覺就是無論面對哪種壓力源和壓力反應，都不要加入「喜歡」、「討厭」、「好」或「壞」等評斷和批判，只維持觀察的態度，想著「原來我現在面臨這樣的壓力源」、「原來我出現了這樣的壓力反應」就好。

也就是說，如果能像上圖這樣將壓力經驗外化，並對外化的壓力經驗保持不評斷、不批判的態度，想著「原來我現在的壓力是長這樣」，單純地接納，就是一種正念減壓。

但要實踐正念，並沒有嘴巴上講得那麼容易。因為，實際上的壓力源和壓力反應大多是「不愉快」的經驗，而人類傾向厭惡「不愉快」的事物。先別急著將那些不愉快的經驗定義為「不好」，單純地如實接納、感受一切，就是正念。

怎麼樣？並不容易吧？因此，我為大家準備了各式各樣的正念「練習菜單」。

當你透過接下來介紹的練習清單習慣正念後，就能輕鬆以正念面對壓力經驗。因此，請你持續在日常生活中意識自己每天的壓力源和壓力反應，以及將它們外化的方法（第3章、第4章），並從第5章和第6章的正念練習菜單中挑選一、兩種適合自己的項目嘗試。

當你對這些練習內容駕輕就熟後，請試著留心，有意識地對每天的壓力經驗使用正念。此時，你便能和壓力經驗拉開距離，客觀觀察，冷靜地採取因應策略（第7章），而不是被壓力經驗吞沒。到了這個階段，相信你的「痛苦指數量表」的分數應該會大幅降低，「幸福指數量表」的分數也會逐漸攀升吧。

前面也說過，所謂的「正念」，就是「有意識地覺知自己『當下』發生的事，不加以評斷、批判，如實觀察並接納那些事件和經驗」。接下來，我會介紹各種練習菜單，重點是，面對這些正念的體驗對象（如等一下會介紹的葡萄乾、呼吸、自動化思考、情緒等等）時，只要保持「適度專注」即可。

「適度」是關鍵，不需要「極度專注」。我們的「意識」本來就有中斷或分散的傾向，即使想要集中注意力，意識也經常會在某個時間點飛到別的地方或是開始思考別的事情，「極度專注」無法持久。因此，專注雖然重要，但一旦發現自己開始分心想別的事，就重新告訴自己「啊，對了，要適度專注！」將意識帶回正念練習的對象（葡萄乾或是呼吸）上吧。「注意力中斷後，覺察、放回注意力」是很重要的過程，也正是「適度專注」的意義所在。

此外，雖然實踐正念就是持續有意識地覺知自己的經驗，但我想先說明一下實行時的「眼光和角度」。請大家盡量帶著好奇心和興趣，以溫暖的「眼光」看待自己的經驗，像是「啊，原來我現在心裡是這種感

受啊」、「欸？身體出現這種感覺了，真有趣」希望大家面對各種經驗時，能夠帶著好奇心，溫暖而溫柔地一一接納它們。這是很重要的注意事項，請銘記在心。

那麼，第5章將會把重點擺在認知行為治療模式中的「行為」和「體感」上，為大家介紹十種正念練習。這十種練習都是一邊做某種動作一邊將意識放到當時的體感（尤其是五感：視覺、聽覺、觸覺、嗅覺、味覺）上，並接納這些感覺，請實際嘗試看看。不管你是花一分鐘、兩分鐘、五分鐘還是十分鐘練習都可以，總之先做再說，確認一下那是什麼感覺吧。練習時，完全不需要去想自己「做得好不好」、「做得對不對」，只要先嘗試就好。

work 1

實況轉播「眼睛看到了什麼」（視覺正念）

這是一項運用視覺（眼睛看）的正念練習。請環顧四周，逐一實況轉播「此刻，自己的眼睛看到了什麼」，像是「啊，我看到天空，天空是藍色的。看到了雲，雲果然就是白色的啊。那朵雲像魚。遠方看得到大型建築物，應該是大樓吧。大樓旁有類似住宅大廈的房子。我看到了電線桿，也看到了電線。道路延伸到另一頭。啊，有人在帶狗散步。我看到了坐輪椅的人，是電動輪椅。看到了民宅，庭院好像有棵大樹。民宅門口有花有草。啊，有隻流浪貓剛剛從我眼前竄過去，是隻黑貓。」如果你是在室內，就環顧房裡一圈，同樣為

第 5 章

正念實踐

（運用身體、行為、五感）

自己看到了什麼進行實況轉播吧。

work 2

閉上眼睛（或是視線向下）將注意力放在呼吸上（正念呼吸）

專心將注意力放在自己的呼吸上，感受呼吸的狀態。吸入的空氣是從哪裡進來的呢？（鼻子還是嘴巴？吸到了胸腔還是腹部？）吸進來的氣息如何在體內運行？吐氣時，氣息是從哪裡吐向哪裡呢？呼吸與呼吸間的間隔有多久……請將注意力全部投注在呼吸器官和全身上下，持續意識自己的呼吸。如果意識中途游離了，覺察後，就重新將注意力放到呼吸上吧。

第 5 章

正念實踐

（運用身體、行為、五感）

work 3

撫摸軟綿綿或柔軟的東西（觸覺正念）

這是一項運用手掌，將意識放在觸覺（觸碰東西的感覺）上的練習。刻意觸碰觸感良好的東西，體會、感受那種舒服的觸感。無論是軟綿綿、毛茸茸還是光滑、暖和、涼爽的物品，什麼都可以。毯子、毛巾、手帕、圍巾、狗狗、貓咪、絨毛娃娃……你可以撫摸桌子、手機螢幕、自己的身體，當然也可以撫摸寶特瓶、玻璃或紙張。請用手掌撫摸各式各樣的東西，感受不同的觸感。

第 5 章

正念實踐

（運用身體、行為、五感）

work 4

正念飲食（味覺正念）

有個很有名的正念練習叫做「葡萄乾練習」。拿一顆葡萄乾，全神貫注地凝視它（視覺），嗅聞它的氣味（嗅覺）。捏住葡萄乾，摩挲撥弄（觸覺），放入口中，用舌頭和牙齒輕觸（觸覺、味覺），感受嘴裡分泌出口水，咬下葡萄乾，感受葡萄乾的酸甜滋味（味覺）。一邊咀嚼，一邊留心葡萄乾沁入鼻間的氣味（嗅覺），以舌頭探索葡萄乾咬碎後的味道和形狀（味覺、觸覺），吞下變成碎末的葡萄乾，用喉嚨體會吞嚥的感覺（味覺、觸覺）。吞下葡萄乾後，鼻間的氣味會產生變化，再次感受那股氣味（嗅覺）。當完整吞嚥後，品味葡萄乾在口中留下的餘韻（味覺、嗅覺）……像這樣，運用五感鄭重並仔細地品嚐一顆葡萄乾，就是「正念飲食」。正念飲食也可以運用在其他食物或飲料上，只吃一口就可以，請以每天食用或飲用的某種食物（飯糰、麵包、味噌湯、水果、巧克力、糖果、咖啡、茶、水、葡萄酒等等）為對象，嘗試練習正念吧。

work 5

正念沐浴

每天的泡澡或淋浴也可以拿來練習正念。脫衣服時身體的感覺、腳底踩在浴墊時的觸感、入浴劑的香氣、水溫、洗髮精和沐浴乳的味道和起泡時的感覺、洗頭髮時的感覺、淋浴的聲音、洗身體時沐浴球的感覺和身體的感覺、泡澡時的水溫、浸在浴缸裡時無意識發出的嘆息、浴缸裡熱水蕩漾起伏的聲音和觸感、擦身體時毛巾的觸感和氣味……在這洗澡沐浴的過程中，身體會產生各式各樣的感覺吧？請仔細地感受、體驗，並接納每一種感覺。

第 5 章

正念實踐
（運用身體、行為、五感）

感受一場沐浴。

work 6
正念行走

我們每天都會行走。不僅在家裡會行走，外出也一定會行走，就算是開車的人，也要走到停車的地方吧？接下來，我們就運用這個「行走」來練習正念。在家中或房裡行走時，請試著故意用極緩慢的速度踏出步伐，一邊慢慢走路，一邊感受腳底的感覺、身體的重心在哪裡、踏出一步後下半身的感覺、腳底踩在地上的感覺、失去重心的那隻腳不穩的感覺……任何感覺都沒關係。行走時，將所有意識都放在「走路」這件事上。

又或者，外出走在路上、超市、車站月台上時，一面以自己的步調行走，

第 5 章

正念實踐

（運用身體、行為、五感）

一面將注意力集中在「走路」上。我們平常行走時不是在思考就是在看手機、和別人聊天，幾乎不太會意識到「走路」這件事。正念行走時，請刻意讓自己不要思考（更是絕對禁止滑手機！），持續將意識專注在「走路」上。上下樓梯時也可以做這樣的練習，讓樓梯變成「正念樓梯」。

work 7

正念聆聽接收到的聲音

我們也可以利用耳朵（聽覺）練習正念。其實，我們的周遭充滿了各式各樣的「聲音」，只要側耳傾聽，這些聲音便會湧入耳裡。空調聲、加濕器的聲音、人們說話的聲音、冰箱的聲音、轉水龍頭的水流聲、電視聲、手機的聲音、鍵盤打字聲、風聲、冷氣室外機的聲音、晾起來的衣服隨風翻飛的聲音、隔壁鄰居的說話聲、樓上鄰居的走路聲、車聲、電車聲、平交道的聲音、救護車奔馳的聲音、警車的警笛聲、便利商店傳出來的背景音樂、網球場上的打球聲、國中生練習棒球的聲音、嬰兒的哭聲、車站廣播聲、蟲鳴鳥叫聲、自己和其他人的腳步聲……請側耳聆聽，將注意力集中在聽覺上，持續意識自己聽到的各種聲音吧。

側耳聆聽
各式各樣的聲音。

work 8

身體掃描或是撫摸身體的正念練習

練習身體掃描（body scan）時，建議盡量躺下來（床上、沙發或地板）進行。在醫院做過電腦斷層掃瞄的人應該能理解，身體掃描的練習就像是將身體「切片」一樣。請將身體從頭到腳細分成許多塊，觀察分割出來的那一塊身體感受，是沉重？隱隱作痛？劇痛？神清氣爽？難受的搔癢還是微微的酥癢等等，如實地感知、接納這些感覺。

你可以在晚上睡覺時做這項練習，也可以在早上醒來後花個五分鐘嘗試。即使不做身體掃描，你也可以用雙手輕撫自己身體的各個部位。在撫摸的過程

第 5 章

正念實踐
（運用身體、行為、五感）

中，感受自己手掌的觸感、被撫摸的身體部位有什麼感受。

想像自己在接受
電腦斷層掃描。

work 9

香氣和氣味的正念練習
（嗅覺正念）

你喜歡什麼樣的香氣和氣味呢？在使用嗅覺（嗅聞氣味）的正念練習裡，首先，就深吸一口自己喜歡的香氣或氣味，從感受它開始吧。花朵、水果、精油、清潔用品、香皂、洗髮精、入浴劑、咖啡、綠茶、紅茶、葡萄酒、果汁、食材、烹調中的食物或辛香料、烹調好的食物、甜點、巧克力、寵物的氣味、小孩子頭髮的味道、麵包店等等，什麼樣的氣味都可以。當腦海中出現「啊啊，好香啊」的念頭時，如實地感受那股香氣和氣味。

習慣這項練習後，這次試著狠下心，改吸「不太喜歡的香氣或氣味」並感受它吧。正念本來就是要公平地覺察各式各樣的刺激，不做「好惡」和「好壞」等評斷。因此，面對香氣和氣味時也不要評論「好惡」，刻意開放自己去感受「不太敢聞」或是「不太喜歡」的香氣和氣味非常重要，請務必挑戰看看。我自己則是託這項練習的福，變得能夠以正念的方式聞臭魚乾（大家有聽過嗎？是一種味道非常重的魚乾）的味道了！

work 10

覺察「身體反應」和「行為」的壓力反應，運用正念如實接納

如果你做了前面那些關於身體反應（五感）和行為的正念練習，現在應該也能將注意力放在身體反應和行為的壓力反應上，不帶評斷和批判地接納它們了。像是「啊，我現在心跳加快了」、「啊，我剛剛提高音量了」等等。如實接納一切反應。能做到這點後，就連身體的疼痛也能成為正念的練習對象。我自己因為這項練習，大幅減少了頭痛時得立即服用的止痛藥劑量。不過，如果是必須馬上處置的急性疼痛，就不是練習正念的時候了，請立刻處理喔。

第 5 章

正念實踐

（運用身體、行為、五感）

前面向大家介紹了十種運用行為和身體反應（五感）的正念練習。一次實踐十種練習可能會太辛苦，可以的話，請先選擇一、兩種方法每天實行，養成習慣後再慢慢追加練習項目。當正念練習成為日常習慣後，你會神奇地發現，每天的生活變得多采多姿起來。你會變得能夠珍惜每一次的呼吸，光是走路，五感也能活躍地運作，感受到「啊，我今天也好好活著呢」，甚至連每天做的家事都會充滿新鮮感。

要做哪一項練習？

預計嘗試的時間、地點

第 6 章

正念實踐

（覺察念頭、意象、
情緒後放下）

解說

第5章介紹的正念練習，是將重點擺在認知行為治療基本模式中「身體反應」和「行為」的壓力反應；第6章介紹的十種練習，則會聚焦在「認知（自動化思考或意象）」、「感覺和情緒」上。

在我們的腦海中，每天都有各種自動化思考和意象來來去去，又或者是不斷地重複、循環。這些念頭會不停在原地兜圈子，有時還會綁架我們，這種狀態被稱為「反芻思考（rumination）」。陷入反芻思考，會讓我們的內心產生各種感覺和情緒，有時是「開心」、「放鬆」、「悠哉」等正面情緒，有時則是「憤怒」、「不安」、「焦躁」、「沮喪」

第 6 章

正念實踐

（覺察念頭、意象、情緒後放下）

等負面情緒。我們在生活中總是被這些念頭牽著鼻子走，不自覺地陷入這些經常產生的自動化思考、感覺和情緒漩渦中。

不過，在接下來進行的正念練習裡，我們要刻意和那些思考、意象和情緒稍微保持一些距離，觀察它們。對於自然而然浮現的念頭與情緒，不去評斷「好或壞」，即使面對的是負面思考和情緒，也不要否定自己「不可以有這些負面想法」，而是純粹地意識到「原來我剛剛在想這件事」、「原來我有這樣的感覺」，如實地接納一切。另一方面，沒有任何念頭和情緒會永久不退，它們總會在某一刻消失無蹤。接納出現的念頭和情緒，放任它們離開。也就是說，有意識但不執著地觀察自己的思考與情緒，放下它們，任它們消散。

順帶一提，無論你是先嘗試十種練習中的哪一種，在剛開始的階段都特別容易對練習本身產生疑問，像是「這樣做可以嗎？」、「我有做對嗎？」、「做這個有什麼用呢？」等等，這些也都是自動化思考。因

此，就算大腦出現這種自動化思考，也請不要深陷請中，坦然接受「這是種自動化思考」，透過各個練習中的方法「處理」它們吧。

此外，這十種練習和行為上的正念練習不同，是使用大腦和心的「內在」正念，因此需要更加專注。我們必須集中精神，持續練習該練習的事，但大腦有個特色，那就是「馬上就會分心」。沒錯，我們無法那麼容易持續專注，而重點就在於察覺「分心」這件事。當你覺得「啊，注意力中斷了」、「意識跑到別的地方去了」，就再將注意力拉回原來的練習上。在反覆進行「分心」↓「覺察分心」↓「將意識帶回原來練習」的過程中，能幫助你延長練習時保持專注的時間，不妨帶著耐心，用輕鬆的心情面對吧。

work 1

用「我剛剛在想……」覺察自動化思考

這項練習，是為我們所有的自動化思考加上「我剛剛在想」這幾個字。

「我受夠了……我剛剛在想我受夠了」、「那個人超討厭！……我剛剛在想那個人超討厭」、「活著好累喔……我剛剛在想活著好累喔」、「今天的午餐要吃什麼呢……我剛剛在想今天的午餐要吃什麼呢」「我超喜歡田中！……我剛剛在想我超喜歡田中！」像這樣，每當大腦開始自動化思考時，就逐一為它們加上「我剛剛在想」。

透過加上「我剛剛在想」這幾個字，我們便能確認這些想法既非事實也非真相，就只是思考（腦海中的念頭）罷了。只要加上「我剛剛在想」，就能阻止腦海裡的念頭不斷打轉。如果你的腦海裡閃過的不是由言語構成的念頭，而是某種意象（畫面或聲音）的話，就改成「我看到了……的畫面」、「我聽到了……那些話」吧。

work 2

用「我現在感覺……」覺察感覺和情緒

這項練習，則是請你為自己所有的感覺和情緒加上「我現在感覺……」。前一項的自動化思考，我們是用過去式的「我剛剛在想……」；但如果是感覺和情緒，似乎更適合用現在式的「我現在感覺……」。

「我現在感覺……生氣」、「我現在感覺……不安」、「我現在感覺……焦躁」、「我現在感覺……開心」、「我現在感覺……高興」、「我現在感覺……期待雀躍」、「我現在感覺……寂寞」、「我現在感覺……擔心」、「我現在感覺……沮喪」等等。

越是強烈的感覺和情緒越，容易凌駕我們的意識。因此，請仔細地為每一種感覺和情緒命名，即使是負面情緒也不要予以否定，而是加上「我現在感覺……」，慎重地對待它們吧。

work 3

專注書寫自己的念頭和感受（或是在推特上自言自語）

不只在腦海裡說「我剛剛在想……」、「我現在感覺……」，將這些念頭和感受寫下來，持續將它們外化，也是相當有效的正念練習。你可以寫在便條紙、影印紙的背面，或是準備一本專門的筆記本，當然也可以用手機跟和電腦記錄。你不妨利用手機備忘錄功能，盡情地將自己的念頭和感受寫下來，或是建立一個推特隱藏帳號，在上面自言自語也行（我自己就是這麼做）。

第 6 章

正念實踐

（覺察念頭、意象、情緒後放下）

work 4

流水葉子練習

針對自動化思考，有種相當知名的正念練習，稱為「流水葉子」。首先，請大家想像以下的【畫面】：此刻，你的眼前有一條徐緩的河流，你坐在河岸旁，望著河水的流動。一片葉子順著河水漂流而過，接著又一片葉子、再一片葉子……

請在腦海裡維持【流水葉子的畫面】，稍微將注意力轉向自動化思考。接著，捕捉每一次產生的自動化思考，想像自己將那些思考放在葉子上。載著自動化思考的葉子會順著河水漸漸消失在你的視線盡頭。你要做的，只有在腦海中維持【流水葉子的畫面】，捕捉一個個浮現的自動化思考（包含意象），持續將它們放到葉子上。河川不會停止流動，會不斷將乘載你自動化思考的葉子送走。那麼，請嘗試看看吧！閉上眼睛應該會更容易想像。

「今天要吃什麼呢？」↓【放到葉子上】↓「聽說明天會下雨，好煩喔。」↓【放到葉子上】↓腦海浮現喜歡的人的臉↓【放到葉子上】↓討厭的同事長相↓【放到葉子上】↓「為什麼會想到那傢伙的臉呢？啊——討厭討厭！」↓【放到葉子上】↓「葉子的練習好無聊喔！」↓【放到葉子上】↓「啊，糟糕，有點想睡覺了。」↓【放到葉子上】……以下省略。

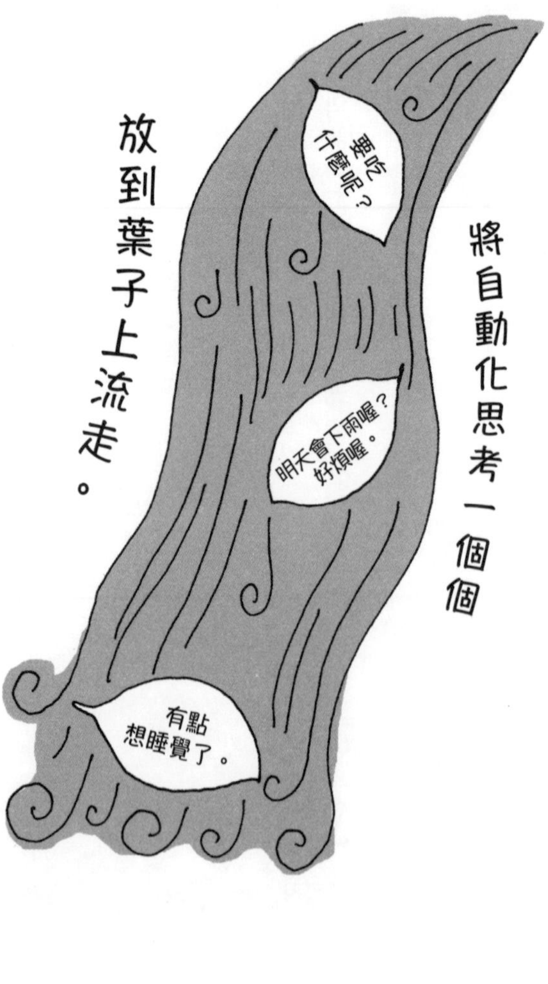
將自動化思考一個個
放到葉子上流走。
要吃什麼呢？
明天會下雨喔？好煩喔。
有點想睡覺了。

work 5

輕輕吹拂蒲公英絨毛的練習（或是吹泡泡練習）

我們的腦海總是會接二連三地浮現自動化思考，內心也會不斷產生感受和情緒。讓我們試著不再描述這些念頭和情緒，把它們看作是「蒲公英的絨毛」，輕柔地呼出一口氣，將它們吹走吧。各式各樣的自動化思考也好，感受和情緒也罷，都化作絨毛飛向天空，逐漸消失在某處。

你也可以想像一幅吹泡泡的畫面。在吹出泡泡的畫面裡，將各種自動化思考、感受和情緒都吹向天空。自動化思考、感受和情緒化為大大小小各式各樣的泡泡，在天空中閃閃發亮地飛舞，漸漸消失。

將自動化思考、感受和情緒
吹向遠方

work 6

把情緒當成小孩子

有時，當強烈的情緒襲來，我們幾乎會陷入恐慌，想要放聲尖叫。此時，這些情緒是否就像從天而降的災難，或是體內即將爆發的火山吧？

將情緒想成「從天而降的災難」和「爆發的火山」感覺很可怕吧？然而，情緒其實並沒有那麼嚇人，反而是一種重要的現象，告訴我們此刻自己內心的狀態。因此，別把情緒想成「從天而降的災難」和「爆發的火山」，而是將它們當成「自己體內（建議可以想像在肚子附近）的小孩」，無論出現什麼樣的感覺和情緒，用「啊，肚子裡的小孩（也可以幫它們取名叫「〇〇寶寶」）

笑得很開心呢」、「啊，肚子裡的〇〇寶寶好像有點生氣，怎麼了啊？」、「啊，肚子裡的〇〇寶寶看起來很傷心，發生什麼事了？」、「啊，肚子裡的〇〇寶寶感覺很寂寞，還好吧？」這種感覺，意識肚子裡小孩的各種情緒，接納它們。

work 7

將自動化思考、感覺和情緒倒進罈子裡

想像有個大罈子——要是覺得不好想像的話，網路上搜尋「罈子」就會出現許多圖片，從中下載一張喜歡的圖片吧。請將這只罈子時時擺在身邊，只要腦海裡一出現自動化思考、感覺和情緒，便將它們全都倒進罈子裡。

由於罈子是種巨大的容器，因此無論怎麼傾倒，都能容納你的自動化思考、感受和情緒。如果想像中的大罈子裝滿的話，就把裡面的東西流到大海或河川裡，清空罈子吧。

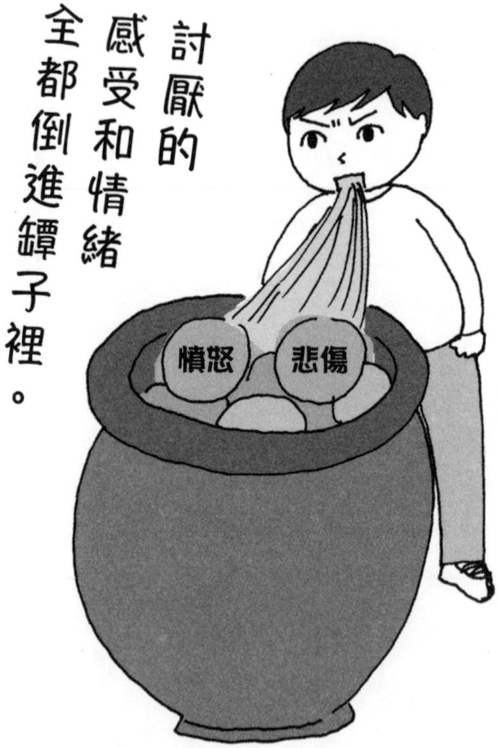
討厭的
感受和情緒
全都倒進罈子裡。
憤怒
悲傷

work 8

便便練習

這項練習是將自動化思考、感受和情緒視為「便便」，想像自己按下馬桶把手（觸碰感測器），「唰——」地一聲，沖走這些便便。我個人非常喜歡這個方法，尤其是遭逢巨大的壓力源，腦海裡源源不絕湧出自動化思考、感受和情緒，來不及將它們放在葉子上時，就會接受自己「啊，我製造出巨大便便了」，將這些自動化思考、感受和情緒想像成「馬桶裡的巨大便便」，按下把手（觸碰感測器），接著，馬桶就會以驚人的氣勢沖走大便。飛機或高鐵上的馬桶沖力十足，是很好的想像喔。

把念頭當成便便沖掉。

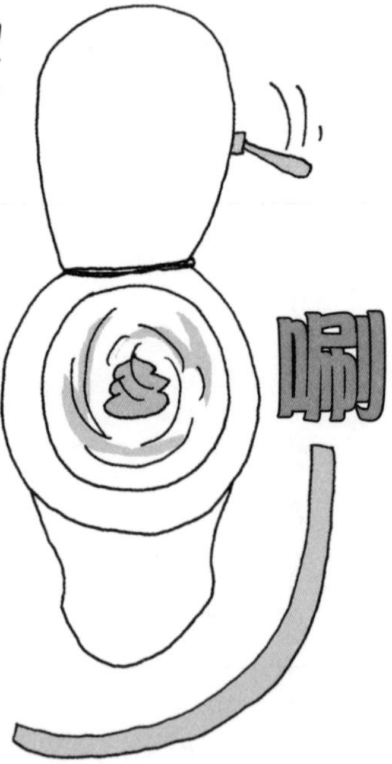

work 9

把內心情緒看作「海洋中的大浪和小浪」，觀察海浪

喜歡看海的人（我熱愛看海，可以一直看到天荒地老），不妨嘗試把自己的內心當成海洋，感受各種情緒的「波浪」吧。這些波浪時大時小，有時彷彿暴風雨來襲掀起滔天巨浪，有時則是輕波細浪。然而，縱使浪潮千變萬化，也全都來自大海。大浪也好，小浪也罷，生起後必定消逝，回歸大海。這項練習就是讓你持續感受自己內心的「海洋與波浪」。

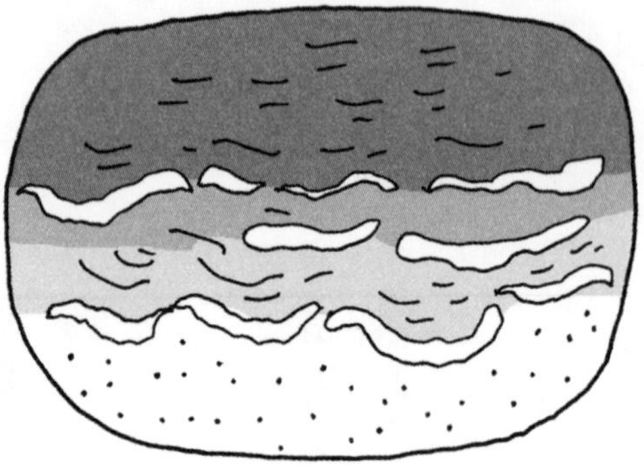

將內心看成海洋與波浪。

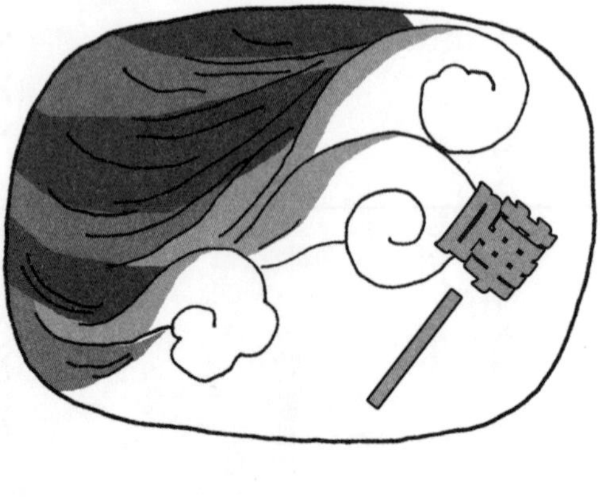

work 10

覺察「認知（自動化思考）」和「感受、情緒」的壓力反應，運用正念如實接納

練習認知（自動化思考）和「感受、情緒」正念的最大目標，就是學會覺察「認知（自動化思考）」和「感受、情緒」的壓力反應，如實接納、感受它們。也就是說，雖然那些「認知（自動化思考）」和「感受、情緒」的壓力反應大部分是「負面」的，但不要加以否定，覺得它們「很討厭」、「不想思考」、「不想感受」，而是以「啊——出現負面思考啦，結束！（乾脆）」、「啊——出現負面情緒啦，結束！（乾脆）」這樣的態度持續接納它們。這是需要練習的，但只要持續下去，你一定能學會用這樣的態度面對自己的壓力反

應，加油！

第 6 章

正念實踐
（覺察念頭、意象、情緒後放下）

到這裡為止，已經向各位介紹了十種聚焦在認知行為治療的基本模式，專注於「認知（自動化思考）」和「感受、情緒」的正念練習。一樣請你從中挑選一、兩種方法，持續在日常生活中操作。

如同我前面所說，正念並沒有什麼戲劇化的顯著功效。在日常生活中一點一滴地持續練習，才能感受到它樸實的效果。正因如此，能每天持續下去才意義重大。還請各位相信我所說的，持之以恆地每天練習吧。

要做哪一項練習？

預計嘗試的時間、地點

第 7 章

找出更多壓力因應小策略吧

解說

所謂的「壓力因應策略」，就是設法對「壓力源」和「壓力反應」做出一些應對和處理，來幫助自己。為了和日常生活中的壓力和平共處，儘可能準備各種壓力應對策略就更形重要（即使是很小的方法也無妨），試著配合不同的壓力源和壓力反應挑選、運用策略，驗證它們的功效。

如果有效，你就知道「這種策略對這個壓力源有用」；如果無效，你也能了解「這種策略對這個壓力反應不太有用，下次試試另一種吧」，在未來也能發揮效用。第7章將會向大家介紹十種方法，讓你能儘可能蒐集「即使微小也無妨，在日常生活中派得上用場的壓力因應策略」。

work 1
「總而言之，先冷靜一下」（第1章）是優秀的壓力因應策略

其實，這本書已經向大家介紹許多壓力因應策略了。第1章（「總而言之，先冷靜一下」）介紹的手法，全都是立即見效的有用策略。雖然前面告訴大家，在內心痛苦指數很高的時候就能用這些方法「總而言之，先冷靜一下」；但即使沒有那麼痛苦，當壓力源和壓力反應來襲時，這裡的每一種方法應該都能幫助到你。

【第1章介紹的10種壓力因應策略】承認、接納自己的痛苦／輕撫或輕拍

身體／在不會受傷的前提下，給予身體有力的刺激／接地，讓身體的力量往下再往下／用大毛巾、披肩或毯子包覆自己／用力繃緊身體的一部分再完全放鬆（肌肉放鬆法）／用力大口吐氣／撕撕衛生紙，動手剪剪紙／緊緊抱住某樣東西／關在廁所裡，轉換場所（time-out，暫時隔離法）

work 2

「與他人連結」（第2章）是至關重要的壓力因應策略

本書第2章介紹的十種「與他人連結」的手法，其實也是至關重要的壓力因應策略。如果我們試圖只靠自己一人的力量幫助自己，反而更容易心累。能接受別人的幫助時，接受幫助絕對是更好的選擇。別一味地只想單獨解決問題，最好還是思考如何向他人求助，並付諸實行。就算你目前處於「無法立即向他人求助」的狀態，也可以蒐集「如何求助」的資訊，或是至少想像一下能夠幫助自己的某個存在。最重要的是「不要讓自己的心孤單」。因此，請重新運用第2章介紹的這些方法，當作幫助自己的「壓力因應策略」吧。

我不會讓自己孤單。
試著在腦海裡想像
喜歡的人。

【第2章介紹的10種壓力因應策略】下定決心「不讓自己的心孤單」／想想有過幾面之緣的人／蒐集現在和過去喜歡的人、崇拜的人的名字，想像他們的樣子／喜歡的動漫、插畫角色？喜歡的寵物？絨毛娃娃？／蒐集資訊，哪裡可以提供支援（可以諮商、幫助自己的專家或機構）／預約諮商吧。為諮商做準備，實際去諮商／鍥而不捨，持續尋找「還算能信任的人」／善用社群網路開發提供支援的資源／遠離危險人物也很重要／寫出（外化）支援網。

work 3

「覺察壓力源和壓力反應並寫下來」也是壓力因應策略

第3章介紹的「覺察壓力源並寫下來（外化）」和第4章介紹的「覺察壓力反應並寫下來（外化）」也是非常優秀、受歡迎的壓力因應策略。誠心建議大家一定要運用書末附錄的工具，每天練習外化壓力源和壓力反應。

work 4

正念本身也是一種強力的壓力因應策略

第5章、第6章介紹的正念練習，只要持之以恆，應該也會成為能夠幫助你的強力因應策略。我們在第5章介紹的十種正念練習，是運用行為意識自己的身體感覺（尤其是五感）；第6章的十種正念練習則是將注意力放在認知（自動化思考和意象）、感覺和情緒上，不被這些念頭左右，

我們不需要每種練習都做，只要分別挑選一到兩種方法，每天想到就去執行，在持續練習的過程中，應該就能慢慢看到成效。請務必將正念當作一種壓力因應策略，持續運用。

我們可以得知，前面幾章介紹的各種手法，其實都可以直接當作「壓力因應策略」也就是「應對、處理壓力的方法」。還請你務必繼續使用這些方法。

接下來，我將進一步介紹六種效果獲得認可的因應策略。每一項壓力因應策略都能立刻實踐，有效、不花錢，而且成效優異，請務必嘗試看看！

work 5

以另一個自己與為難自己的「自動化思考」對話（認知因應）

各位現在應該已經能立即覺察腦海中經常閃過的「自動化思考（包含意象）」，將它們外化或是練習用正念看待了吧。如果那些自動化思考令你痛苦難受、陷入沮喪，除了單純地接納、放下它們之外，你還能以另一個自己的身分和這些自動化思考對話，藉由創造新的思維來幫助自己。

這種方法叫做「認知因應」。例如，當大腦出現「沒救了」的自動化思考時該怎麼做呢？另一個自己（自救的自己）要對「沒救了」說什麼呢？應該不會說「對啊，已經沒救了」吧？你或許可以說「覺得沒救了讓你很痛苦吧？」、「為什麼會覺得沒救了呢？」、「找找其他還有救的地方吧？」、「想著沒救實在太痛苦了，要不要找找看其他的觀點？」、「要跟你說什麼你才能稍微輕鬆一點呢？」、「你希望我對你說什麼呢？」等等，試著運用對話中出現的內容製作安慰自己、為自己打氣的小語吧。

例如：「出現『沒救了』這種自動化思考很痛苦吧？不過，你不需要盲目聽信那些自動化思考喔。你已經很努力了，即使有時候事情進展得並不順利，也不會因此磨損你努力的價值，一定也有人將這些看在眼裡。不要放棄，試著稍微放鬆一下再繼續下去吧。」請將那些小語寫成小卡或是輸入到手機裡，隨身攜帶，難過痛苦時就唸出來，對自己說出這些話吧！

用另一個自己
和自己對話。

work 6

蒐集可以宣洩的行為

（行為因應）

事先準備大量可以讓自己宣洩、轉換心情的行為也是很重要的事。或許有人會覺得「宣洩根本沒意義」、「宣洩只是逃避問題而已」，但只要宣洩一下，待心情變輕鬆後再來處理問題就好。請參考以下的例子，將你想到可以宣洩的行為外化吧。

〔例〕修指甲、擦指甲油、散步、逗弄狗狗、去動物園、去寵物店、去澡堂、在家裡泡澡、擦桌子、彈琴、彈烏克麗麗、去KTV、慢跑、做伸展運動、去按摩、找人吐苦水、喝酒、吃甜點、吃一包洋芋片、畫著色畫、塗鴉、

第 7 章

找出更多壓力因應小策略吧

打扮自己、睡覺、看電視、上網、用LINE、喝可樂、旅行、搜尋旅行的資料、看喜歡的明星的IG、看漫畫、看書、寫詩、攝影、吃拉麵、做菜、洗廁所、唱歌、購物、抱著抱枕……

work 7

找出具體課題，逐一解決（解決問題）

找出生活、人際關係中的具體課題並加以解決，也是一種自救的壓力因應策略，非常重要。這種因應策略稱為「解決問題」。解決問題的重點在於盡可能縮小課題，逐一確實解決。例如，發現「家裡亂七八糟」的問題後不是一口氣大掃除，讓家裡煥然一新，而是切分出小課題，確實執行自己做得到的事，例如：「今天只整理廚房流理台」、「只要整理這個抽屜就好」。

「想減重」時也是，不是使用激烈的手段讓體重驟減，而是設定自己應該辦得到的具體課題，例如「點心份量減半」、「多走一個車站看看」等等。

早上起床後打開窗簾！

人際關係亦然，由於不可能一下子全都改變，所以你只要設定自己感覺做得到的課題就好。像是「早上跟冷淡的女兒打招呼」、「和討厭的同事說話時眼睛看著對方」或是「討厭的主管把煩人的工作推給我時，試著問他『這件事一定要我做嗎？』」想拯救自己，就試著採取行動，解決問題吧。

work 8
試著採取讓自己放輕鬆的行動

我們的心理和生理經常會因為壓力反應而緊張。因此，緩解身心緊張——「放鬆」，是非常有效的壓力因應策略。請實際嘗試「會讓你感到放鬆的行動」吧。

這個策略的重點在於「不追求立即、深度的放鬆」。所謂的放鬆，是實際持續「會讓你感到放鬆的行動」後所獲得的狀態。重要的不是追求立即見效，而是不斷採取行動。請參考以下的例子，有耐心地堅持下去吧。

能讓自己放鬆的想像

〔例〕放鬆呼吸法（像嘆氣一樣，緩慢悠長地吐氣↓再從鼻子吸氣，反覆）、仰躺，將全身的重量交給後背、感受精油的香氣（薰衣草、佛手柑等香氣）、閉上眼睛沉浸在可以讓自己放鬆的想像裡（森林、海邊等等）、慢慢啜飲一杯溫暖的熱飲……第1章〈總而言之，先冷靜一下〉裡介紹的輕拍自己的身體、用大毛巾或毯子等包覆自己的手法也能令人放鬆。此外，在持續運用行為和身體（五感）練習正念的過程裡，也會有放鬆的效果。

work 9

觀看、探索「我喜歡的物品」

「我喜歡的物品」指的是位於自己周遭，只是看一看就能令你鬆一口氣、感到療癒、安心、開心、放鬆、高興等情緒的物品。

以我自己為例，我喜歡觀察出現在身邊的狗狗、貓咪，或是鴿子、麻雀和烏鴉，也喜歡看不認識的小孩開心玩耍的模樣。當看見父母在哄撒嬌的孩子時，內心便會升起一股暖意。我喜歡橘色，在百貨商場裡一邊逛街一邊尋找橘色的物品（毛衣、披肩、襪子、雨傘等等）也是我的樂趣之一。

我喜歡看天空，只是看著蔚藍的天空，便能感受到雙眼的愉悅。我很享受觀賞藍天裡大小形狀各異、千奇百怪的白雲。我也喜歡看夕陽，看到彩虹的日子會心花怒放。我還喜歡望著每天都在慢慢改變形狀的月亮，看著路邊無名的花草、隔壁庭院綻放的花朵也很有趣。用手機看可愛動物的影片會很開心……

就像這樣，只要你願意，就能在身邊發現許多「喜歡的物品」。

一看到花，就有放鬆的感覺。

work 10

持續擴充、外化壓力因應策略目錄

當我們將個人所擁有的壓力應對策略全部統整後，就是「壓力因應策略目錄」。壓力因應策略目錄越多，幫助越大。由於不用花費時間與金錢、微小的因應就很好了，因此請事先蒐集大量因應策略，讓自己隨時都能應用吧。將壓力因應策略外化後，便能立刻挑選使用。

請參考前面1到9的方法，試著將你自己的壓力因應策略外化（寫下來）到附錄的「壓力因應策略目錄」吧。請隨身攜帶這張壓力因應策略目錄，在感到壓力（沒有感到壓力也無妨）時，實踐感覺可以幫助自己的策略，驗證

一步步擴充
壓力因應策略目錄

關在廁所裡
在腦海裡想著
喜歡的人
請求另一個自己
幫助自己

效果。如果該因應策略沒用或是出現反效果的話，只要再嘗試別的策略就好。另外，一旦發現新的壓力應對策略，請馬上將它加入壓力因應策略目錄。今後，你的壓力因應策略目錄將會不斷擴充下去。

基模治療

本書最後的部分（第8章、第9章、第10章），我將請大家操作跟基模治療有關的練習，因此在進入第8章前，我想先簡單介紹一下「基模治療（schema therapy）」。「基模（schema）」是一個心理學名詞。前幾章主要介紹了認知（腦海中的現象）中的自動化思考（大腦瞬間閃過的念頭，也包含意象）。具體來說，像是覺察自動化思考的壓力反應、練習「將腦海中不斷浮現的自動化思考放到葉子上，隨河水流走」的正念，或是創造另一個自己和自動化思考對話（認知因應）。

那麼，基模又是什麼呢？請看下一頁的圖表。所謂的基模，是一種

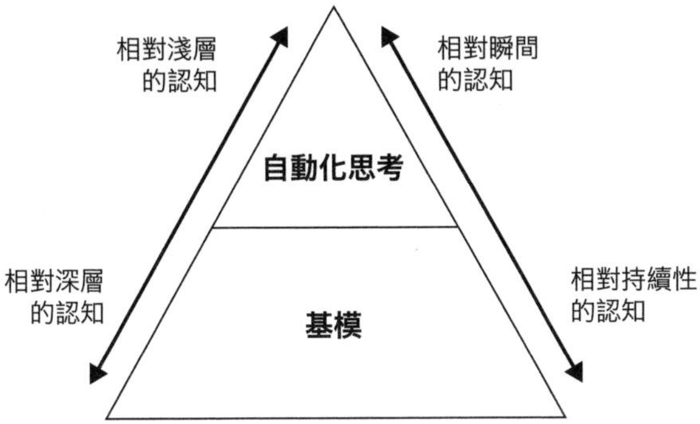

自動化思考與基模的關係

持續性的認知，位於比自動化思考更加深層的地方。一個人的「深層思想」、「原則」、「自我形象、「對世界與他人的印象」、「信念」都屬於基模。我們的自動化思考奠基在這個位於基礎的基模之上。例如，有個人的基模是「世界和他人很安全，可以信任」，另一個人的基模是「世界和他人很危險，必須保持警覺」，他們在面對陌生人的搭話時，應該會有截然不同的反應吧？前者出現的自動化思考或許是

「哦？這是怎樣的人呢？」對陌生人產生興趣；後者的自動化思考可能是「糟了，他說不定會對我做什麼」，對陌生人抱持強烈的警戒。自我意象是「我很有能力」的人跟自我意象是「我很沒用，老是失敗」的人相比，在出現小失誤時的反應可能也是南轅北轍（前者是「人有時候就是會出錯嘛，下次小心一點吧」，後者是「看吧，果然是這樣！我就是會一直出錯」）。

在基模治療中，首先我們要意識到自己擁有的基模，從理解開始做起。尤其是那些讓自己痛苦的基模，同時去意識基模的源頭（為什麼會產生這種基模？）相當重要。心理學家指出，大部分的基模源於童年和青春期的環境和人際關係。例如，你是在怎樣的地區和文化中成長？照顧者（主要是父母）如何教養？給予你什麼樣的訊息？照顧者愛你嗎？你曾經受到照顧者的言語傷害嗎？你和兄弟姊妹的關係如何？和爺爺奶奶的關係呢？你在學校的狀況怎麼樣？老師是什麼樣的人？和同學間的關係如何？學習或遊戲的狀況？社團課程和社團活動怎麼樣？有遭遇霸凌的經驗嗎？遭遇霸凌時，有人幫助過你嗎？……各式各樣的因素都可能成為令你痛苦的基模起源。

在接下來的第8章裡，我們將會練習意識這些基模，並進一步理解它們。如同本書一直以來所強調的，「理解」是最最重要的事。第9章，我們將會把令你痛苦的基模當作一種「詛咒」，這一章介紹的方法除了可以幫助你解開詛咒，還要讓你對未來的人生帶著祝福，懷抱希望。在最後的第10章中，我將會向大家介紹「內在小孩」的觀點。基模治療中認為，「我們的內心有個因為基模詛咒而受到傷害的小孩。我們必須療癒那個受傷的小孩，讓他開心。」我將會遵循此一觀點，向大家介紹各種意識、連結、療癒「內在小孩」的方法，讓內在小孩變得更幸福。這些方法都很有效並充滿力量，請大家務必實際嘗試看看。

本書前面所介紹的方法都是以心理學的「認知行為治療」為基礎，基模治療便是從認知行為治療的理論和方法演變、發展而來的治療方法。自從認識基模治療後，我親身體驗了各種練習，至今也仍然持續不輟。最後，我對於自己身上那些過去未曾理解的痛苦，有了更深刻且具體的理解。雖然花了些時間，但我漸漸開始能夠放下、克服那些痛苦。另外，我也和自己的「內在小孩」有了連結，能夠以內在小孩的要求為優先，採取讓內在小孩幸福的思考模式和行為。我接下來要介紹的有些方法或許不容易做到，在練習的過程中，內心多多少少可能也會感到痛苦。因此，你絕對不需要勉強自己執行，不過，如果你的狀況允許，這些全都是值得花時間實踐的方法。就算只實施本書前面的方法（第1章～第7章），也能充分發揮自助的效果。但如果你想嘗試最後三章（第8章～第10章），「了解痛苦，從痛苦中解放」、「想讓自己更幸福」的話，衷心建議大家可以將這三章當作本書的「最終階段」和「高潮」，挑戰看看接下來的各種練習。

第 8 章

看清痛苦的「源頭」和「真面目」

解說

在生活中，你可能總是隱隱約約感受到一種痛苦。在第8章裡，我們將會具體揭露這種痛苦的「源頭」和「真面目」。

其實，光是揭露那份一直以來隱約感覺到的痛苦「源頭」和「真面目」，你的心態就會有所轉變。因為，我們無法和「不明白的事物」戰鬥，也無法和它們相處。然而，一旦看到這些痛苦的真面目，我們便能訂定作戰計畫，設法戰鬥、克服或是與它們和平共處。

在本章中，會先帶領你了解痛苦的源頭，再告訴你如何以基模治療的觀點為基礎，實際練習理解自己目前遭遇的痛苦。

第 8 章

看清痛苦的「源頭」和「真面目」

work 1

關於小孩的情感需求

與痛苦有關的根本「源頭」，是「小孩的情感需求」，也就是「所有小孩理所當然應該被滿足的內心需求」。這些內心需求具體來說分為五大類：①渴望安全感、被愛、被理解、受到保護、信任自己與他人。②渴望自信、能夠做好一件事、成為可靠的人、挑戰事物。③以自己的需求・情感和意志為重、希望他人重視自己的需求。④渴望自由自在的生活、享受人生。⑤希望大家遵守規定、人人平等、尊重自己也尊重他人的權利。

基模治療認為，如果童年時期的這些情感需求能充分獲得滿足，孩子就能健全成長。換句話說，如果這些情感需求沒有獲得滿足，就會大大影響這個孩子以及他長大成人後的「痛苦」，這就是基模治療的論點。在這裡還請各位先理解一點：所有小孩都有應該被滿足的情感需求。

work 2
確保安全狀態

那麼，接下來我們將探索你的自身經驗，尤其是「情感需求沒有獲得滿足的體驗」，也就是「創傷經驗」。由於我們的內心在這個過程中或多或少會感到痛苦，因此在探索前必須先確保自己的安全。目前為止，我們練習的方法中有哪些是特別針對「痛苦的話這樣做就好」或「內心感到痛苦的話，這樣做能獲得幫助」呢？你可以從第1章「總而言之，先冷靜一下」和第2章「與他人交流」中挑選任何方法。（**〔例〕** 看著「支援網」，告訴自己「我不是一個人」。）也可以選擇第5章、第6章的正念練習，或是從第7章預留的壓力應對策略裡做挑選。

在練習接下來的方法時，請務必先做好「確保安全的作業」再開工，完成練習後，也請再一次執行「確保安全的作業」做為結束。也就是說，按照「安全作業」→「練習內容」→「安全作業」的順序操作。

work 3
探索過去需求沒有獲得滿足的經驗

首先，請先執行「確保安全的作業」。接著，請再看一次方法1所提到的「小孩的情感需求」，試著回憶你在童年或青春期時經歷的難受、無趣、不安、傷心、害怕、痛苦、沮喪等經驗，想想自己曾經有什麼樣的「創傷經驗」。想到一段創傷經驗後，便思考當時是方法1中的哪些情感需求沒有獲得滿足吧。

〔例〕【創傷經驗】父母關係不佳，老是在自己面前吵架，在家裡總是感到惶惶不安↓【沒有獲得滿足的需求】「安全感」、「渴望自由自在」。【創傷經驗】總是被迫聽母親抱怨，沒有人聽自己說話↓【沒有獲得滿足的需求】「被理解」、「希望對方重視自己的需求」。【創傷經驗】在學校遭遇嚴重霸凌，沒有任何人保護自己↓【沒有獲得滿足的需求】「受到保護」、「渴望信任他人」、「享受人生」。【創傷經驗】笨手笨腳、老是出錯，一直遭到他人否定↓【沒有獲得滿足的需求】「自信」、「渴望能夠做好一件事」、「享受人生」。

請參考上面的例子，將自己的經驗寫到下一頁的圖表中吧。寫完後，一定要執行「確保安全的作業」再結束練習。

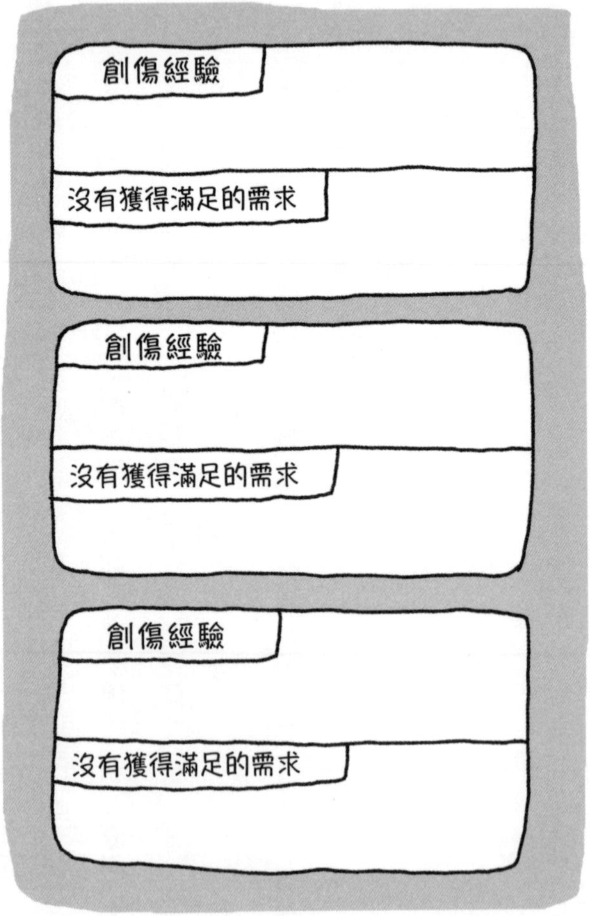
創傷經驗
沒有獲得滿足的需求
創傷經驗
沒有獲得滿足的需求
創傷經驗
沒有獲得滿足的需求

基模治療認為，這些「創傷經驗」和「沒有獲得滿足的需求」相互作用，便會形成令一個人生活感到痛苦的基模（內心根部的深層思想）。

接下來的方法4到方法9，將會向大家解說基模治療提出的幾種典型「帶來痛苦的基模」。你知道自己擁有哪些基模，又處於什麼樣的程度嗎？面對每一種基模，請試著詢問自己的內心，自己有沒有這種基模？有的話，這個基模的大小和強度又是如何呢？這個部分的重點不在於用大腦思考，而是詢問自己的「內心」，也就是情感。詢問前後，請務必執行「確保安全的作業」。

work 4

你有「不被喜愛」、「沒有人理解自己」、「我很沒用」類型的基模嗎？

在與他人的關係中無法充分獲得安全感、不斷遭到否定，或是有霸凌、虐待等慘痛經驗的人，大多擁有這類型的基模。請詢問自己，平常內心是否會出現以下的句子、念頭或情感，有的話大概占多少百分比呢？請為它們標上0到100之間的數字。

【我的存在不被喜愛。沒有人會愛我。】（　　%）
【我得不到任何人的理解。沒有人願意了解我。】（　　%）
【我很沒用。父母要是沒有生下我就好了。】（　　%）

第 8 章

看清痛苦的「源頭」和「真面目」

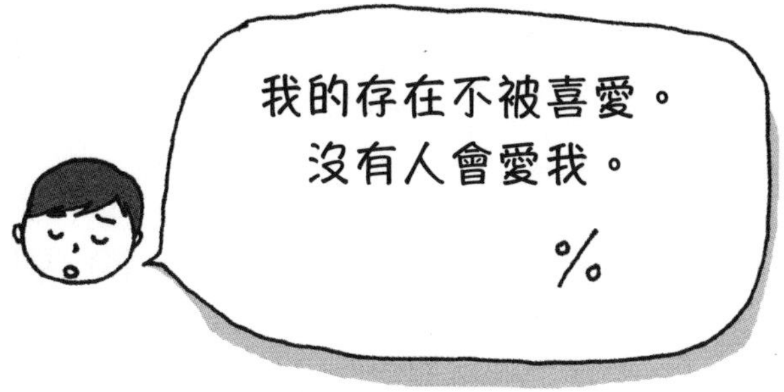

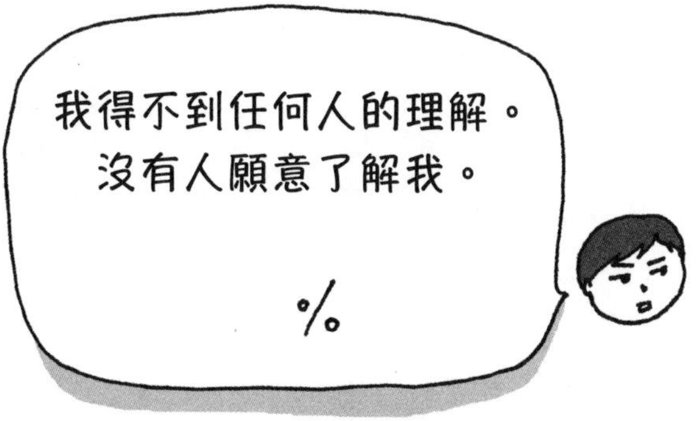

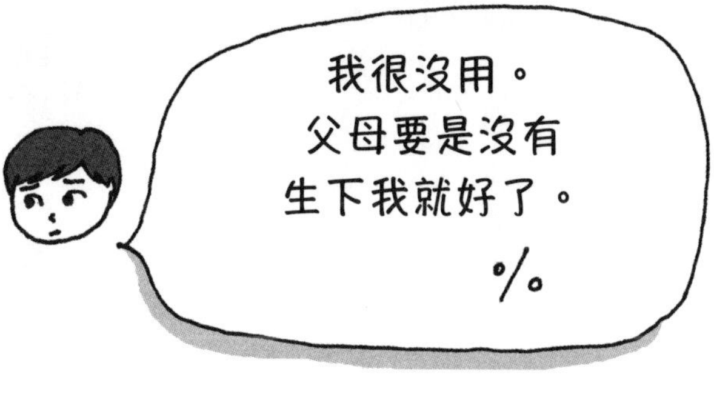

work 5

你有「別人都很可怕」、「別人不知道會對我做什麼」、「別人會拋棄我」類型的基模嗎？

這類基模和方法4一樣，是在與他人關係中受到大量傷害後所產生的基模。4的基模是以第一人稱「我怎麼樣怎麼樣」為起頭，5的特徵則是以第三人稱「別人」起頭為起頭。基模4強烈的人，可能也同時擁有高度的基模5。

【別人都很可怕。別人會把我害得很慘。】（　　%）

【別人不知道會對我做什麼。我無法信任他人。】（　　%）

【別人會拋棄我。就算是現在在眼前的人也會突然消失。】（　　%）

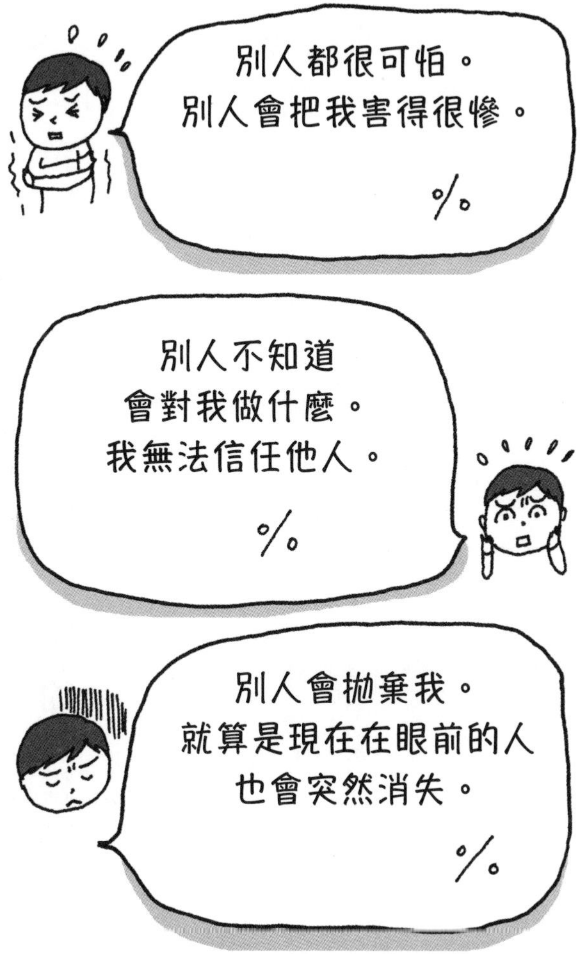
別人都很可怕。
別人會把我害得很慘。
%
別人不知道
會對我做什麼。
我無法信任他人。
%
別人會拋棄我。
就算是現在在眼前的人
也會突然消失。
%

work 6

你有「我很沒用」、「我沒辦法處理」、「我老是失敗」類型的基模嗎？

這是關於自我能力和表現的基模。過去沒有機會得到「只要這樣做就能做好囉」、「你可以拿出自信！」這類訊息的人，就容易擁有這種基模。

【我很沒用。我一個人做不好事情。】（　　%）

【如果發生什麼事，我一個人沒辦法處理。】（　　%）

【我做什麼事都只會失敗。】（　　%）

【我做什麼挑戰都無濟於事，只能依賴別人生存。】（　　%）

第 8 章

看清痛苦的「源頭」和「真面目」

我很沒用。
我一個人做不好事情。
%
如果發生什麼事，
我一個人沒辦法處理。
%
我做什麼事
都只會失敗。
%
我做什麼挑戰都無濟於事，
只能依賴別人生存。
%

work 7

你有「百依百順」、「只要我忍耐就好」、「為他人犧牲奉獻才有價值」類型的基模嗎？

這類型的基模與壓抑個人需求和想法，順從或照顧他人有關。擁有這類型基模的人容易一味忍耐，總是以他人為優先。

【為了能夠留在這裡，我只能對他人百依百順。】（　　%）

【只要我忍耐，事情就會順利了。】（　　%）

【只有為他人犧牲奉獻，我才有價值。】（　　%）

【我看別人痛苦自己也會痛苦，所以要照顧對方。】（　　%）

第 8 章

看清痛苦的「源頭」和「真面目」

為了能夠留在這裡，
我只能對他人百依百順。
%
只要我忍耐，
事情就會順利了。
%
只有為他人犧牲奉獻，
我才有價值。
%
我看別人痛苦
自己也會痛苦，
所以要照顧對方。
%

work 8

你有「必須做好每件事」、「完美主義」、「不能享樂」、「不能表現出情感」類型的基模嗎？

對擁有這類基模的人而言，這個世界無法自由自在，而是要時時刻刻綳緊神經，他們會認為「總而言之，我必須做好每件事才行」。這類人的身心經常處於緊張狀態，不擅長放鬆或享樂。

【我必須做好每件事才行。】（　％）

【我隨時隨地都必須表現得很完美，無法忍受不完美的自己。】（　％）

【我不能享樂。不可以放鬆。】（　％）

【我不能表現出情感，也不能去感受。必須永遠保持理性。】（　％）

第 8 章

看清痛苦的「源頭」和「真面目」

work 9

你有「無論如何都想獲得讚美」、「我一定要當第一」、「為所欲為」、「超級討厭忍耐！」類型的基模嗎？

這類型的基模是追求讚美、追捧、遵從自己的欲望行動，可能會讓周圍的人的覺得有「王子病」、「公主病」或是「任性」吧。

【無論如何都想獲得眾人的讚美。想受到矚目。希望別人覺得自己「很厲害」。】（　　%）

【我一定要當第一。想凌駕於眾人之上。】（　　%）

【我不想被規則束縛，總而言之想做什麼就做什麼。】（　　%）

【超級討厭忍耐！非常無法忍耐！】（　　%）

第 8 章

看清痛苦的「源頭」和「真面目」

無論如何都想獲得眾人的讚美。
想受到矚目。
希望別人覺得自己「很厲害」。
%
我一定要當第一。
想凌駕於眾人之上。
%
我不想被規則束縛，
總而言之想做什麼
就做什麼。
%
超級討厭忍耐！
非常無法忍耐！
%

work 10
在日常中覺察自己的基模

檢視了這些形形色色的基模後，你有什麼感想呢？我們每個人或多或少都有幾項上述的基模。內心會形成這些基模並不是你的錯，而是因為童年和青春期各種創傷或需求沒有獲得滿足的經驗、又或是各式各樣的人際關係，才導致這些基模成形。

不過，我希望你能明白「基模並不代表真實世界的全部」。基模只不過是一種被植入我們內心的「念頭」，由於深植在我們的內心，我們才會覺得那就是事實，其實卻並非如此，它們就只是那種「念頭」罷了。即使你深信「我是個沒用的人」，但你真的是個沒用的人嗎？事實絕非如此。

其實，在日常生活中，基模經常會竄出腦海折磨你、帶來各種壓力反應、讓你做出不珍惜自己的行為。因此，當你在日常生活中感到痛苦、覺察到自己的各種壓力反應，或是出現不太恰當的行為時，請檢視一下「我的基模是不是跑出來了？」

接下來，請進一步去意識這些基模，像是「啊，現在是『只要我忍耐就好』的基模跑出來了」，或是「『必須做好每件事』的基模發動了」。接著，試著告訴自己：「但是這些基模不是事實，只是我自己腦海中的念頭。」只要持續這個步驟，就能漸漸從基模的詛咒中獲得解放。

第 9 章

從「詛咒」到「祝福」

解說

我們在第8章揭露的「基模」，與「生活中的痛苦」息息相關，就像是「詛咒」一樣。心底出現與痛苦有關的基模並不是你的錯。基模是在各種環境和人際關係中自動形成的結果，你沒有任何責任。

不過，面對這些內心形成的基模，也就是「詛咒」，我們可以選擇照單全收，或是讓自己從「詛咒」中解放，不需要被關在「詛咒」的囚籠中。

當意識到基模對你發出「詛咒」時，請將自己從那些話語中釋放，取得可以讓自己更輕鬆、更幸福的「祝福」吧。本章將會介紹各種方

第 9 章
從「詛咒」到「祝福」

法，告訴你如何放下「詛咒」，重新得到「祝福」。

work 1 在當下意識到「詛咒」

首先，我們必須在當下便意識到基模發出的「詛咒」。如果你已經從第8章的十種練習裡學會「在日常中覺察自己的基模」，意識基模的「詛咒」就不是那麼困難的事了。當基模啟動，成為攻擊你的「詛咒」時，請不要盲目聽信那些話語，而是堅定地提醒自己：「啊，基模啟動了！這是『詛咒』。我不需要照單全收！」

例如，當你一意識到「我真沒用，我這種人消失了還比較好」的自動化思考，以及伴隨而來的沮喪時，請不要沉浸在這些自動化思考和感受情緒中，而是要堅定地告訴自己：「啊，這是基模！【我是魯蛇】、【我很沒用】的基模啟動了！基模正在對我發出『詛咒』！我不能照單全收！這些都是『詛咒』！」

work 2

面對「詛咒」，更需要實踐正念

我們在第6章針對自動化思考、感受和情緒做的正念練習，也可以應用在這裡。例如，當你意識到基模發出的「詛咒」時，可以將那些話語放到流水裡的葉子上，或是把那些話看成蒲公英的絨毛，「呼——」地一口氣將它們吹散；又或是把那些話當成便便，按下馬桶的把手跟它們訣別。你可以將「詛咒」引起的各種痛苦情緒當成肚子裡的小孩，接納它們；也可以把因為「詛咒」而動搖的內心想像成大海與波浪，觀望它們……不要讓「詛咒」淹沒自己，而是當作正念的對象，加以觀察。

第 9 章

從「詛咒」到「祝福」

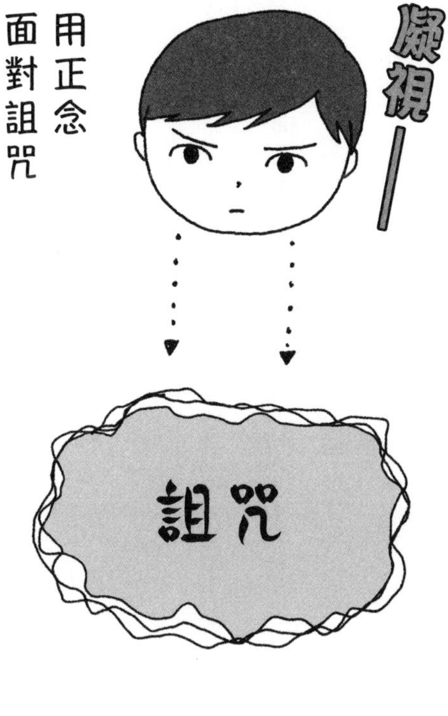

work 3

將「詛咒」寫在紙上，揉成一團丟掉

請把「詛咒」寫在影印紙或便條紙上吧。你可以故意把字寫得很難看，然後將那張紙揉成一團，毫不留情地丟進垃圾桶。又或者，你可以燒掉那張紙（小心別引起火災！），當然也可以把那張紙撕碎後丟掉。藉由這些方式和「詛咒」訣別。這項練習必須反覆進行，每當你遭受「詛咒」攻擊時，請不停重複這項作業，將詛咒寫在紙上丟掉吧。

第 9 章

從「詛咒」到「祝福」

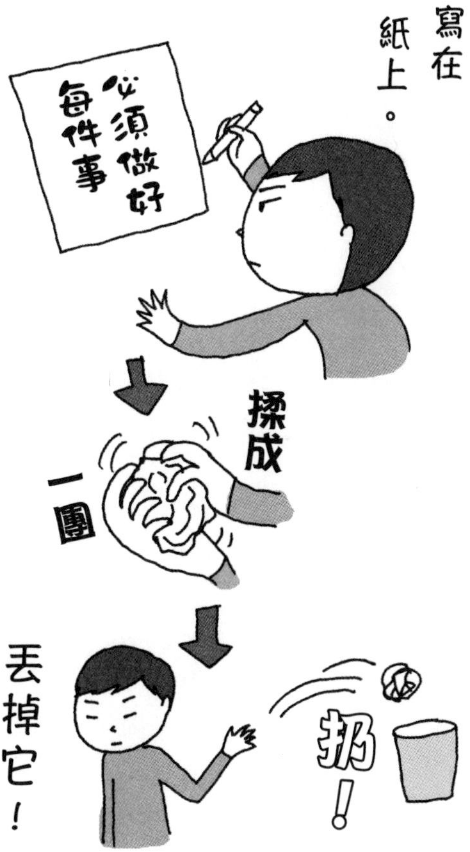

work 4

想像盲目聽信「詛咒」後的痛苦

「詛咒的話語」正因為是「詛咒」，只要一出現就會讓我們無可避免地遭到綁架。一旦遭到綁架，我們就會不小心將「詛咒」認定為事實。例如當【只要我忍耐，事情就會順利了。】的基模以「詛咒」的姿態登場，綁架我們時，就會讓我們不禁覺得「可是就真的是這樣啊」、「我一直以來都是這樣做呀」、「我果然還是只能咬牙忍耐，想辦法撐過去」，認為「詛咒」說的一點都沒錯。詛咒真是太可怕了！

正因為如此，我們才需要，想像盲目聽信「詛咒」的未來是什麼樣子。相信【只要我忍耐，事情就會順利了。】自己會有什麼好處呢？這樣做，真的能獲得幸福嗎？被「詛咒」困住的自己，有能力給未來的自己幸福嗎？……答案應該顯而易見。

所以，當「詛咒」出現，讓你開始覺得那就是事實的時候，還請去意識到對「詛咒」信以為真的痛苦，恢復理智吧。我們的人生，一點都不需要盲目聽信「詛咒」的讒言！

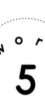

work 5 向「詛咒」提出反駁

請試著向盤踞在我們內心的「詛咒」提出反駁吧。反駁必須強而有力。例如，面對【沒有人願意了解我。】的詛咒時說：【不不不，不是這樣吧？國中時我和小櫻的感情就很好，彼此相互了解。我一定能再遇見像小櫻這樣的人！】或是對【我做什麼事都只會失敗。】說：【講「只會失敗」太誇張了吧！人生在世，誰都會有失誤的時候，但覺得一切都失敗很奇怪吧？你今天不是好好倒了垃圾、洗衣服，還去上班了嗎？這些都沒什麼問題啊。】針對【只要我忍耐，事情就會順利了。】說：【這種想法很奇怪吧？都只有自己在

忍耐很不公平吧？或許人有時候會需要忍耐，但永遠都是你在忍耐，絕對有問題。倒不如說你已經忍耐這麼久了，以後不用忍耐也沒關係了吧？】等等。

請務必將這些反駁寫在紙上或是記在手機裡，外化出來。剛開始時，這些反駁可能會有些勉強或是不順暢，但就算這樣也沒有關係。無論如何，向「詛咒」提出反駁的行為本身是有意義的。在這個過程中，你的反駁將越來越有說服力，所以，勉強也好、不流暢也罷，請養成「反駁」的習慣吧！

work 6
和「心態健康的人」談論詛咒

如果你身邊有可以正常聊天的人，也就是「心態健康的人」的話，可以跟對方談談那些糾纏你不放的「詛咒」。

像是「其實我身上有這種詛咒，每當這些詛咒出現時我都會不小心照單全收，變得很痛苦，想聽聽你的意見」或是「我知道這些是詛咒，想要反駁它們獲得解脫，但我自己一個人很難做到，想請你幫忙」等等。

如果對方是個心態健康的正常人，應該會幫助你擺脫或是反駁「詛咒」。

第 9 章

從「詛咒」到「祝福」

work 7

想像自己接受「心態健康的人」的幫助

如果你的狀態不允許你和「心態健康的人」直接談話，就發揮你的想像力吧。在想像的世界裡，讓某個「心態健康的人」登場，設想「如果是這個人，會怎麼反駁我的這個【詛咒】」。

此時，這個「心態健康的人」不用非得是你真的認識的熟人或朋友。這個人可以是已經過世的人（小時候很疼你的祖母或其他人）、你敬佩的對象或名人（我經常想像的對象是登山家山野井妙子女士。請上網搜尋你有興趣的人吧！）、動漫角色（我個人絕對是《天才妙老爹》的老爹！），任何人都可以。想像能夠幫助自己的人，把自己從「詛咒」中拯救出來。

work 8 創造「祝福」

透過前面的練習，你的內心應該獲得了許多不同於「詛咒」的話語了吧？這些都是能讓你從「詛咒」中獲得釋放、反駁「詛咒」，在你就快被「詛咒」綁架時幫助你的話語。現在，讓我們把這些話語整理成一連串的「祝福」吧。

〔例〕【我決定在我的人生中珍惜自己。】、【我有權利擁有幸福的人生。】、【讓內心更加無拘無束，自由自在地生活吧。】、【我會找到願意珍惜我的人，和那個人攜手共度人生。】、【我可以更享受人生。停止追求完美吧。】、【不用擔心，船到橋頭自然直。】等等。

第 9 章

從「詛咒」到「祝福」

work 9

隨身攜帶「祝福」

方法8創造的「祝福」，當然要外化出來；不過，在外化「祝福」時，比起簡單寫在筆記本或是輸入到手機裡，你不妨採用比平常更特別的方式。例如，【買張漂亮的卡片，仔細地寫下祝福的話語後再貼上可愛的貼紙】，或是【從手機相簿裡選一張滿意的照片，加上「祝福」】。

將這些「祝福」隨時攜帶在身上，在「詛咒」出現的瞬間拿出「祝福」，明確清晰地對自己說出「祝福」。可以的話能念出聲音更好，會比單純看著祝福更有效。

第 9 章

從「詛咒」到「祝福」

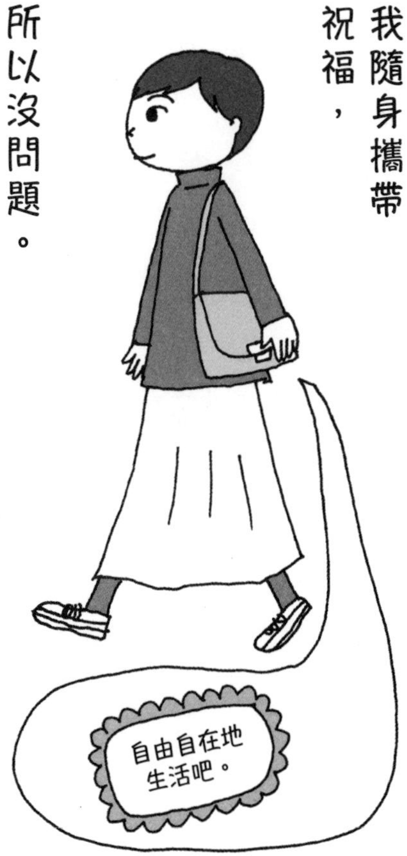
我隨身攜帶祝福，
所以沒問題。
自由自在地
生活吧。

work 10

以帶著「祝福」的姿態行動，與他人建立關係

當你從「詛咒」中拯救自己，隨身攜帶「祝福」，並能夠時時對自己說這些話後，接下來便試著改變自己的行為吧。以帶著「祝福」的姿態採取行動、待人處事，與他人建立關係。

例如，我們很容易想像，那些背負【我是沒用的人，我沒有資格活著】（詛咒）的人，與帶著【我有權利擁有幸福人生】（祝福）的人應該會有截然不同的行事作風。

後者（帶有「祝福」的人）應該更能珍惜自己、做自己想做的事，並用健

康的心態表達自己的看法和意見。擁有【我可以更享受人生。停止追求完美吧。】（祝福）的人，不會將時間花在追求事事完美，而是能夠把時間用在享受與放鬆上。能夠享受人生的人，就能和周圍的人好好建立關係。

帶著祝福，和周圍的人建立關係。

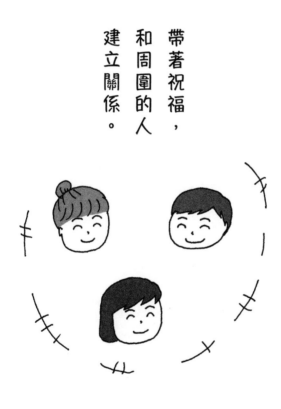

第10章

守護、療癒你的「內在小孩」

解說

在基模治療中，有一種稱為「內在小孩」的觀點。意指我們的內心，會因為小時候的各種「創傷」與「需求沒有獲得滿足」的經驗，而產生各式各樣的基模。也就是說，基模正是我們的「內在小孩」受傷後導致的結果。

如同前文所述，基模產生的責任並不在我們身上。不過，我們可以跟解開「詛咒」、獲得「祝福」一樣，學習療癒我們心中「內在小孩」的傷痛，滿足「內在小孩」的需求。

第 10 章

守護、療癒你的「內在小孩」

在這最後一章介紹的方法中，將會教大家如何與自己的「內在小孩」連結，照顧「內在小孩」，並讓他們獲得幸福。

work 1

無論長到幾歲，我們的內心都存在著「內在小孩」

所謂的「長大成人」，並不是內心的小孩消失不見。人類的內心永遠都會有個類似孩子般的存在（本書中稱為「內在小孩」），成為能夠適切照顧那個小孩的大人，便是「長大成人」。也就是說，希望大家先了解一件事，人類無論長到幾歲，內心都存在著一個「小孩」。如同第6章方法6稍微觸及的內容，你的心裡一直都有一個「內在小孩」。

第 10 章

守護、療癒你的「內在小孩」

work 2

為「內在小孩」取個名字

請幫你的內在小孩取個名字吧。例如有很多人會在自己的名字前面，或是名字其中一個字前面加個「小」字，來為內在小孩命名。

例如，我的名字叫「繪美」，我就幫自己的「內在小孩模式」取名為「小繪美」。如果是「花子」，可以叫「小花子」或「小花」，「太郎」的話則可以叫「小太郎」、「小太」或「阿太」等等。

如果不喜歡自己的名字（不喜歡也完全沒有關係），就幫「內在小孩」取一個全新的名字吧。「內在小孩」會希望你怎麼叫他呢？請一邊想像這個問題一邊為內在小孩命名吧。另外，名字可以修改，如果取了名字後覺得不契合的話，之後再改名就好。

work 3 呼喚「內在小孩」，請他回應

其實，「內在小孩」就位於你身心的某處，等待著你呼喚他的名字。請試著出聲呼喊你在方法2為內在小孩取的名字吧。帶著溫柔與誠意，就像真的在跟小孩子說話一樣呼喊看看。

我個人的叫法是這樣的：「小繪美……？」、「小繪美，有聽到嗎？」、「小繪美，你在哪裡……有聽到的話，可以回應我嗎？」……如何？「內在小孩」有回應你的呼喚嗎？

剛開始時，「內在小孩」經常處於防備狀態，不太會回應呼喚。所以，即使「內在小孩」對你的呼喊毫無反應，也請別太介意，只要一有機會就繼續對內呼喊「小〇〇？」、「小△△？」在這樣的過程裡，內在小孩將漸漸給予你回應。

work 4

每天和「內在小孩」對話

當你開始可以呼喚「內在小孩」的名字後，接下來，請試著每天和「內在小孩」對話吧。起床後說一聲：「小〇〇，早安。」早上喝到好喝的果汁對他說：「小〇〇，果汁很好喝耶！」出門是好天氣的話告訴他：「小〇〇，今天天氣真好。」下雨的話可以說：「小〇〇，今天是下雨天呢。你聽，有聽到雨聲對吧？」

中午吃飯時和「內在小孩」一起看菜單，問他：「小〇〇，中午要吃什麼呢？」點心時間一邊吃冰淇淋一邊分享：「小〇〇，冰淇淋很好吃耶！」

夜晚看到月亮的話可以閒聊：「小〇〇，今晚看得到月亮呢，是彎月！」泡澡的時候也可以說：「小〇〇，一泡澡身體就會變暖呢。好溫暖喔！」晚上睡覺時也說聲：「小〇〇，今天辛苦了。祝你有個好夢，晚安。」就像這樣，請在一天之中不斷地和你的「內在小孩」對話。

work 5

用身心感受「內在小孩」的存在

當你替「內在小孩」命名，每天和他對話後，內在小孩會漸漸開始真的回應你。你對他說「早安」，他也會回你「早安」；你對他說「好好吃喔！」他也會回你「嗯，好好吃！」請試著感受看看，內在小孩位於你身體的哪個部位，又位於你心裡的何處呢？

包括我在內，似乎很多人感覺內在小孩是位於我們胸口到腹部之間的位置，就像真的抱著一個小孩一樣。請像這樣，從身體和心靈漸漸去感受「內在小孩」真實、清楚的存在吧。

用身心感受「內在小孩」的存在。

work 6 傾聽「內在小孩」的需求，滿足需求

我們在第8章介紹過「小孩的情感需求（所有小孩理所當然應該被滿足的內心需求」）」，而我們的「內在小孩」當然也有這些情感需求。我們童年那些沒有被滿足的需求雖然無法重來，但現在，你可以傾聽自己心中「內在小孩」的情感需求，滿足這些需求。

如同第8章所示，情感需求分為五大類，具體來說是【①渴望安全感、被愛、被理解、受到保護、信任自己與他人。②渴望自信、能夠做好一件事、成為可靠的人、挑戰事物。③以自己的需求·情感和意志為重、希望他人重視自

己的需求。④渴望自由自在的生活、享受人生。⑤希望大家遵守規定、人人平等、尊重自己也尊重他人的權利。】

請一定要問問「內在小孩」：「你現在想要什麼？」、「你希望我怎麼做？」、「我能為你做什麼？」傾聽內在小孩的需求，給予回應。

work 7 保護「內在小孩」遠離「詛咒」

我們的基模「詛咒」總是會攻擊內在小孩，對內在小孩提出無理的要求。因此，當你的腦海裡閃過「詛咒」時，請不要被詛咒綁架，而是保護你的「內在小孩」遠離詛咒吧。

例如，當你聽見【別人會拋棄我】的詛咒時就對內在小孩說：「小〇〇，我們現在雖然聽到奇怪的詛咒，但你不用聽信那些話喔！至少，我就絕對不會拋棄你，不用擔心。」【我隨時隨地都必須表現得很完美，無法忍受不完美的自己。】詛咒降臨時，告訴內在小孩：「人不可能永遠完美無缺。以完美為目

標的話會身心俱疲，停下來吧。一個人的價值跟完不完美一點關係都沒有。放輕鬆，開心地生活吧！」

用這種方式，保護「內在小孩」遠離「詛咒」。

work 8

療癒、安撫、照顧「內在小孩」

受到傷害的「內在小孩」需要療癒、安撫和照顧。當你發現「內在小孩」受傷、痛苦、恐懼、沮喪、不安時，請在想像中照顧內在小孩，擁抱內在小孩，輕拍他的背、哄哄他吧。如果內在小孩哭泣的話，請別要求他「不能哭！」，而是要詢問他「怎麼了？」充分傾聽小孩受傷的心情，給予照顧。

內在小孩哭泣的話，
請照顧他吧。

work 9

鼓勵「內在小孩」，給予支持

有時，我們也需要推內在小孩一把，鼓勵他、支持他。當「內在小孩」無法順利表達自己的意見，對於真心想做的事感到猶疑不決、不敢挑戰時，不要只是哄他，而是要鼓勵他：「拿出勇氣，試著跨出一步看看！」、「試著把自己想說的話講出來。」、「挑戰看看吧，失敗了也沒關係。」請讓你的內在小孩能夠隨心所欲、暢所欲言，給予「內在小孩」支持。

如果內在小孩遇到了一些挑戰，無論結果如何，也請你繼續鼓勵他：「你很努力呢，真棒！」、「我永遠都會支持你！」為他加油打氣。

第 10 章

守護、療癒你的「內在小孩」

work 10 帶著「祝福」與「內在小孩」攜手同行

這是本書的最後一個方法。基模治療最重視的，是時時與「內在小孩」連結、療癒受傷的內在小孩，並支持內在小孩以自己想要的方式生活。同時，也要讓自己隨時帶著「祝福」，給予自己支持。

只要能實踐這兩件事，相信你就能隨時順利地幫助自己，讓自己擁有更幸福的人生。而當達到這個階段後，你也會變得能夠照顧別人的「內在小孩」，能夠對他人發送「祝福」了吧。像這樣，如果世界上的「內在小孩」都能獲得照顧，讓世界充滿「祝福」的話，豈不是很美妙嗎？誠摯邀請你，讓我們一起打造這樣的世界吧。

後記

請容我在這裡說一些私人的事。其實，在我書寫本書的二〇一九年後半年，我遭逢了人生中最大的危機。當時，我的家人因重病而倒下，我一邊全職工作，一邊為了此事疲於奔命。到了夏天，以中暑為開端，我的身心出現了各式各樣的症狀，我每天都想著：「既然這樣，不如死了算了。」如今，我依舊忙於照顧生病的家人和處理相關事情，身心狀況也起起伏伏，不好的時候非常嚴重，疲累不堪。

我就是在這樣的狀況下完成了這本書。過去，我也寫了幾本支持讀者心理自助的書籍，但這次，我完全是為了自己而寫書。我寫這本書，是為了讓自己能夠全心全力地幫助自己、為自己加油打氣。而現在，我總算是活下來了。儘管和圓滿還有一大段距離，但在周遭的幫助以及自助下，我依然努力活著，過著日常的生活。支持我做到這點的，就是這本書中介紹的一百種方法。透過實踐這些方法，我想辦法幫助自己，活了下來。

我是以分享的心情寫下這本書。如果是在身體健康的狀態下，應該可以在更短的時間內完成書稿；然而，我這次已沒有這樣的體力與精神，反而是刻意以一種細細咀嚼的心情，每天一點一滴地書寫。當我以這種方式完成書稿後，內心充滿了一種確切的感受，那就是「書裡介紹的方法真的每天都在幫助我呢」。

人生在世，一定會面臨各種壓力經驗、各式各樣的傷害和危機，但請大家實際操作這本書介紹的一、兩種方法，努力活下去吧。請竭盡所能地活著，支持自己、幫助自己。我相信，這些最後都能從我們所處的環境，延伸為一個能夠互相幫助的溫暖社會。衷心感謝拿起本書的你，期待再會的那一天！

[附錄 1] 「痛苦」與「幸福」指數量表

我現在感到多痛苦？

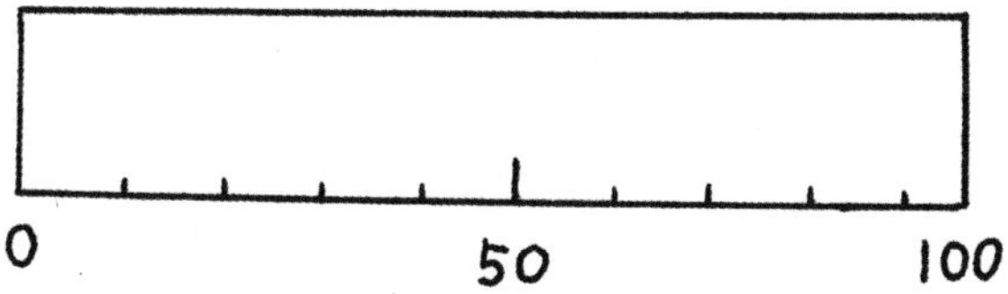

我現在感到多幸福？

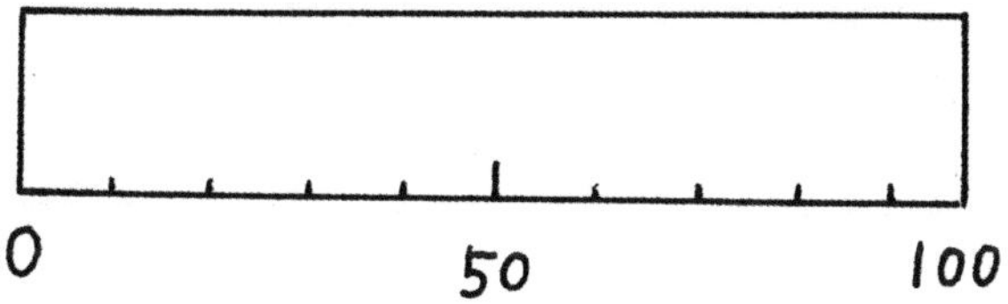

[附錄2] 將量表數字記錄下來

	痛苦	幸福
月　日	分	分

[附錄3] 寫出支援網

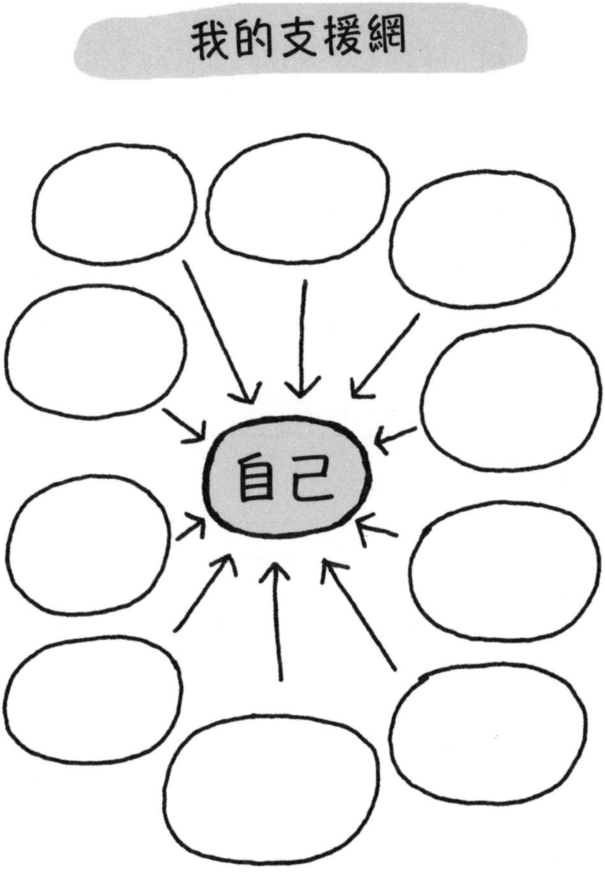

[附錄4] 寫下你的壓力日記吧！

月 日		

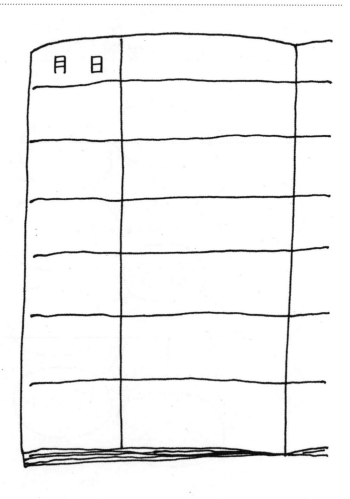

[附錄5] 將壓力經驗寫下來吧！

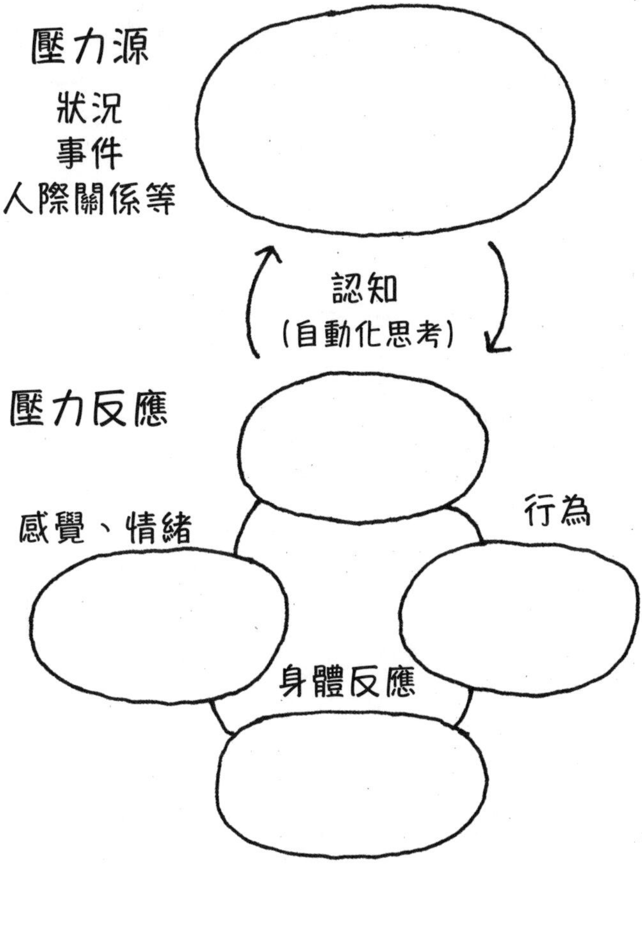

[附錄6] 擴充你的壓力因應策略目錄

壓力因應策略目錄表

自我照顧百寶箱
100 個與壓力和平共處的自救提案
セルフケアの道具箱

作者　伊藤繪美
插圖　細川貂貂
譯者　洪于琇
執行編輯　顏妤安
行銷企劃　劉妍伶
封面設計　周家瑤
版面構成　賴姵伶
發行人　王榮文
出版發行　遠流出版事業股份有限公司
地址　臺北市中山北路一段 11 號 13 樓
客服電話　02-2571-0297
傳真　02-2571-0197
郵撥　0189456-1
著作權顧問　蕭雄淋律師
2023 年 5 月 31 日　初版一刷
定價新台幣 360 元

ISBN 978-626-361-100-9
遠流博識網 http://www.ylib.com
E-mail: ylib@ylib.com
（如有缺頁或破損，請寄回更換）

國家圖書館出版品預行編目 (CIP) 資料
自我照顧百寶箱：100 個與壓力和平共處的自救提案 / 伊藤繪美著；洪于琇譯. -- 初版. --
臺北市：遠流出版事業股份有限公司，2023.05 面；　公分 譯自：セルフケアの道具箱
ISBN 978-626-361-100-9(平裝)
1.CST: 心理治療 2.CST: 心理諮商 3.CST: 壓力
178.8　　112005601